Rainer Maria Rilke
Und ist ein Fest geworden

33 Gedichte mit Interpretationen

Herausgegeben
von Marcel Reich-Ranicki
Insel Verlag

Zweite Auflage 1997

Druck: MZ-Verlagsdruckerei GmbH, Memmingen
Printed in Germany

In memoriam
Wolfgang Koeppen

Inhalt

Vorwort

Man hat ihn geliebt und gepriesen, er wurde verehrt und auch verklärt, man hat für ihn geschwärmt, mehr noch: man hat ihn angebetet. Er war das Idol und der Abgott ganzer Generationen deutscher, mehr noch, europäischer Leser. Er galt ihnen als die Verkörperung des Dichterischen, sein klangvoll-rhythmischer Name – Rainer Maria Rilke – wurde zum Inbegriff des Poetischen. Sicher ist, daß seit Heine kein deutscher Lyriker so erfolgreich war wie er, keinem eine so tiefe und so breite Wirkung nachgerühmt werden kann.

Doch anders als die großen Dichter des vergangenen Jahrhunderts, anders als Heine, als Mörike oder Eichendorff, wurde Rilke auch, wenn nicht vor allem als ein Seher und Prophet empfunden: Man hat sein Wort als Heilsverkündung hingenommen und als Religionsersatz. In dieser Hinsicht läßt er sich nur mit einem einzigen Deutschen vergleichen, mit einem der Größten – mit jenem, dessen Name immer noch mit weihevoller Scheu genannt wird, mit Friedrich Hölderlin also.

Und ähnlich wie Hölderlin hat man auch Rilke bedenkenlos mißbraucht, auch mit seinen Versen wurde oft Schindluder getrieben. Der Engländer Stephen Spender, ein kritischer Geist von hohem Rang, hatte keine Hemmungen, Rilke »einen der großen Heiligen der modernen Kunst« zu nennen. Ein Heiliger? Ich habe noch nie von einem Dichter gehört, dem eine solche Bezeichnung gebührte. Nein, es genügt, die Briefe Rilkes zu kennen (die Zahl der längst veröffentlichten ist enorm), um zu wissen, daß auch er wahrlich kein Heiliger war. Aber Rilke war ungleich mehr: Er war ein genialer Künstler.

Gewiß, vieles in seinem umfangreichen Werk ist mittlerweile verblaßt und überlebt. Manches ist schwach und fragwürdig, es wirkt gar zu preziös und prätentiös, ja sogar banal und abgeschmackt. Von den geheimnisvollen und rätselhaften Botschaften, zumal in Rilkes späten Elegien und Sonetten, wenden sich unsere Zeitgenossen ungeduldig ab, sie wollen von ihnen in der Regel nichts mehr wissen. Der Gestus eines Sehers ist heute schwer erträglich, und der prophetische Anspruch eines Politikers oder Poeten wird bestenfalls für einen Anachronismus gehalten.
Aber auch in unseren Tagen kann man dem Rhythmus dieser Verse schwerlich widerstehen, nach wie vor entzückt uns der Wohllaut dieser einzigartigen Poesie, ihr hochgestimmter Ton, ihre geradezu verschwenderische Bilderfülle. Rilke wußte mit dem Reim umzugehen wie nur wenige Dichter in der Geschichte unserer Literatur, er hat der Sprache ungeahnte Klänge und Melodien abgewonnen. In vielen seiner Verse vermochte er auszudrücken, was unaussprechbar schien: Seine Poesie ist ein Triumph über das Unsagbare. So gelang es Rilke, der deutschen Lyrik Bereiche zu erschließen, von deren Existenz niemand wußte.
In seinen »Aufzeichnungen des Malte Laurids Brigge«, einem Tagebuchroman, mit dem er auch der deutschen Prosa neue Wege gewiesen hat, heißt es: »Er war ein Dichter und haßte das Ungefähre.« Nun mag man einwenden, daß sich dieser schöne Satz nicht immer und nicht unbedingt auf Rilkes eigene Lyrik anwenden läßt. Im Gegenteil: An Dunklem und Raunendem ist gerade bei ihm kein Mangel. Gleichwohl finden sich in seinen Versen häufig knappe Formulierungen, die ihre Suggestivität, ihre Überzeugungskraft einer wunderbaren Klarheit, einer erstaun-

lichen Einfachheit verdanken. Nicht wenige dieser Formulierungen, so einleuchtend wie einprägsam, sind bequem zitierbar – wie Schillers geflügelte Worte oder die volkstümlichen unter den Versen Heines. Die handlichen Zitate haben zur Popularität Rilkes viel beigetragen – und sie haben seinem Œuvre zur nicht unbeträchtlichen Dauerhaftigkeit verholfen.

Wir lieben den feierlichen Gedichtanfang: »Herr, es ist Zeit. Der Sommer war sehr groß.« Wir zitieren oft und gern den stimmungsvollen, den elegischen Verweis: »Wer jetzt kein Haus hat, baut sich keines mehr.« Wir erliegen dem schwer erklärbaren Zauber der Gedichtzeile: »Und dann und wann ein weißer Elefant.« Wir berufen uns auf Rilke-Worte von nicht zu übertreffender Schlichtheit: »Du mußt dein Leben ändern« und »Ich fürchte mich so vor des Menschen Wort«.

Und natürlich zitiert man jene frühe Dichtung Rilkes, die, kein Zweifel, nicht zu seinen besten Arbeiten gehört, die ihn aber, in Millionen von Exemplaren verbreitet, wie keine andere berühmt machte und sogar zu einem Volksschriftsteller werden ließ. Ich meine die zumindest für die Älteren unter uns doch unvergeßliche »Weise von Liebe und Tod des Cornets Christoph Rilke«. Ja, in der Tat, wir können diese Eröffnung nicht vergessen: »Reiten, reiten, reiten, durch den Tag, durch die Nacht, durch den Tag … Und der Mut ist so müde geworden und die Sehnsucht so groß.« Wir hören unentwegt die letzte Zeile: »Dort hat er eine alte Frau weinen sehen.« Nicht erloschen ist, meine ich, der Charme der Worte: »Als Mahl beganns. Und ist ein Fest geworden, kaum weiß man wie.« Und: Es war »ein Sich-Begegnen und ein Sich-Erwählen, ein Abschiednehmen und ein Wiederfinden«.

Aber Rilkes betörende Wortmusik sollte uns nicht übersehen oder unterschätzen lassen, daß er mitunter den Zeitgeist sehr genau zu erkennen und zu artikulieren vermochte. Von ihm stammt der nicht zu Unrecht immer wieder zitierte Vers aus dem Jahre 1908 – der Vers, der die Leiden einer ganzen Generation ausdrückt und vor dem sich Gottfried Benn dankbar verneigte: »Wer spricht von Siegen? Überstehn ist alles.«
In den siebzig Jahren, die seit Rilkes Tod vergangen sind, hat sein Nachruhm unterschiedliche Phasen durchgemacht. Es gab und gibt einen Rilke-Kult, der sich meist als überflüssig erweist und auch noch als ärgerlich. Eine Rilke-Mode machte sich bemerkbar, und sie war belanglos und lächerlich. Man redete von einer Rilke-Renaissance, die wir nicht brauchen, weil sein Werk nie vergessen wurde. Ja, es entstand sogar eine Rilke-Theologie, die, wen könnte das wundern, niemandem genutzt, wohl aber dem Werk und Ansehen Rilkes geschadet hat.
Worauf also kommt es an? Zunächst und vor allem auf die Lektüre seiner Lyrik. Zu der Freude und dem Vergnügen, die sie auch heute und vielleicht gerade heute bereiten kann, will unser Buch beitragen. Nicht alle charakteristischen und wichtigen Gedichte Rilkes konnten wir hier aufnehmen, aber alle, die dieser Band vereint, sind wichtig und charakteristisch. Sie werden von Dichtern und Kritikern, von Philologen und Journalisten interpretiert.
Verbindliche Deutungen, also Deutungen, die den Anspruch erheben, die einzig richtigen und zulässigen zu sein, wird man allerdings in dieser Sammlung vergeblich suchen. Denn die Poesie kennt solche Interpretationen nicht – schon deshalb nicht, weil sie stets über sich hinausweist und somit ungleich mehr sagt, als der Autor sagen

wollte. Hier wird dem Leser keine Deutung aufgezwungen, sondern ihm bloß gezeigt, wie man das ausgewählte Gedicht verstehen *kann*. Der Rest ist seine Sache. Zusammen mit ihren poetischen, essayistischen und wissenschaftlichen Kommentaren sollen diese Gedichte bieten und ermöglichen, was der Titel des Buches verspricht und ankündigt – der Titel: »Und ist ein Fest geworden«.

Jochen Hieber danke ich für seine Mitarbeit an diesem Band.

Marcel Reich-Ranicki

Herbsttag

Herr: es ist Zeit. Der Sommer war sehr groß.
Leg deinen Schatten auf die Sonnenuhren,
und auf den Fluren laß die Winde los.

Befiehl den letzten Früchten voll zu sein;
gieb ihnen noch zwei südlichere Tage,
dränge sie zur Vollendung hin und jage
die letzte Süße in den schweren Wein.

Wer jetzt kein Haus hat, baut sich keines mehr.
Wer jetzt allein ist, wird es lange bleiben,
wird wachen, lesen, lange Briefe schreiben
und wird in den Alleen hin und her
unruhig wandern, wenn die Blätter treiben.

Rainer Kirsch

Gott ist arbeiten

Wer spricht? Der Dichter. Zu wem? Zu Gott. Wer ist der? Vor drei Jahren und einem Tag hatte Rilke angefangen, ihm merkwürdige Rollen zuzuweisen: Gott war *uralter Turm*, um den das lyrische Subjekt windig als Falke, Sturm oder großer Gesang kreiste, wurde bald *Nachbar, Gesetz, Ball, raunender Verrußter* auf russischen Öfen und fortan immer ruppiger kleingehauen, bis er mitunter wegblieb und im Herbst 1901 gar log und sich dem Redenden als Mühlstein um den Hals hängte. Nun, am 21. September 1902, des Familienstipendiums verlustig und mit einer Rodin-Monographie beauftragt, sitzt der Atheist Rilke in Paris und ist mit Gott offenbar im reinen – er kann sich ihm klassisch nähern: höflich, selbstbewußt und in Anerkenntnis der Weltordnung.

Wo steht das? Im ersten Vers. Die Anrede ist *Herr* (betont auf unbetonter Silbe, Rilke hat gelernt, mit dem Metrum zu spielen, und setzt sich sozusagen die professionelle Dichtermütze auf. Bisher hatte Gott *Gott, du Gott, du Ast* usw. geheißen, einmal, frech und französisch, als gelte es ein Tänzchen, *mein Herr*). Der respektvoll-knappen Anrede folgt die Mahnung *es ist Zeit*: man trifft sich dienstlich, und der Redende ist vortragsberechtigt. Doch hütet er sich, gleich auf den Punkt zu kommen. Hochmögende bedürfen des Lobs wie unsereins der Speise, ohne das tun sie nichts oder kriegen den Unmut; die ungeheuerliche Lobfloskel *Der Sommer war sehr groß* erweist des Redenden Weltkenntnis, definiert Gott und läßt den Vers in den klassischen Jambus einrasten, zugleich eröffnet sie den Handlungsort, eine Landschaft. Wer ist Gott? Er wirkt, zeigt sich, am Wetter und den Jahreszeiten. Nun ist Wettermachen das Urgeschäft aller ernstlich großen Götter von Aton über Jahwe und Zeus bis zu Wotan; Gott ist demnach bedeutend, die Agenda der nächsten sechs Verse Chefsache.

Was muß auch nicht alles geleistet werden! Die *Schatten auf die Sonnenuhren* legen – Massen an Wolken sind aufzubringen! *Die Winde los* lassen – aber so, daß sie weder einander zunichte blasen noch sich zu Zyklonen zusammenrotten! *Letzte Süße in den schweren Wein* jagen – biochemischer Feinzauber in unterschiedlichsten Hanglagen! Gott, somit, wird vorgestellt als nördlich des Mittelmeers waltender Groß-Gutsbesitzer, dessen Herrschaft durch Atmo- und Stratosphäre bis zur Sonne reicht; der Redende, sein Majordomus, sorgt, daß IHM das Rechte zur rechten Zeit in den Kopf kommt, und braucht sachgemäß schöne Verse – ein durchheiterter Gott ist ein besserer Gott.

Wir lesen Vers 8, und stocken. *Wer jetzt kein Haus hat, baut sich keines mehr* – an wen geht das? Gott, interessierte ihn derlei, wüßte es eh; er wird wohl davon sein, arbeiten. Sonst ist niemand zugegen, der Majordomus redet zu sich selber. Jammert er? Kein Stück. Vielmehr bleibt ihm, nach erledigter Dienstsache, Muße, Privates zu bedenken: Er macht ein Lebenskonzept. Rilkes Haushalt in Westerwede war aufgelöst, die Reserven kärglich, Honorare kaum in Sicht; wie weiter? Hausdiener werden? Sich aufhängen? Ein Manifest der Moderne verfassen, wie Hofmannsthal das gleichenjahrs mit dem Lord-Chandos-Brief angeblich getan hat? Nichts dergleichen. Der Redende wird *wachen, lesen, lange Briefe schreiben* – er wird sich einschränken, Mäzene suchen und dichten. Vor sechzehn Tagen hatte Rilke Rodins Lebens-Grundregel *Il faut travailler, rien que travailler. Et il faut avoir patience* erfahren, es ist, lesen wir, inzwischen seine. Die Schlußwendung von den *Alleen*, in denen die *Blätter treiben*, rundet das Gedicht und dehnt die Berichtszeit in die nächste Zukunft, den Spätherbst; an Rodins Maxime halten wird Rilke sich noch gut dreiundzwanzig Jahre, bis zum Tod, den er als was beschrieben hat? als *Arbeit*.

Der Knabe

Ich möchte einer werden so wie die,
die durch die Nacht mit wilden Pferden fahren,
mit Fackeln, die gleich aufgegangnen Haaren
in ihres Jagens großem Winde wehn.
Vorn möcht ich stehen wie in einem Kahne,
groß und wie eine Fahne aufgerollt.
Dunkel, aber mit einem Helm von Gold,
der unruhig glänzt. Und hinter mir gereiht
zehn Männer aus derselben Dunkelheit
mit Helmen, die, wie meiner, unstät sind,
bald klar wie Glas, bald dunkel, alt und blind.
Und einer steht bei mir und bläst uns Raum
mit der Trompete, welche blitzt und schreit,
und bläst uns eine schwarze Einsamkeit,
durch die wir rasen wie ein rascher Traum:
Die Häuser fallen hinter uns ins Knie,
die Gassen biegen sich uns schief entgegen,
die Plätze weichen aus: wir fassen sie,
und unsre Rosse rauschen wie ein Regen.

Ulrich Greiner

Hollywood in Prag

Ach, ist das pubertär! Schwärmerische Sehnsüchte eines Knaben, Träume von Macht und Geschwindigkeit, von Kühnheit und Abenteuer. Dazu dieses männerbündische, kriegerische Gehabe mit erotischem Beigeschmack: *vorn möcht ich stehen wie in einem Kahne, / groß und wie eine Fahne aufgerollt.* Und dann ein geradezu prasselndes Metapherngestöber, niedergegangen aus ziemlich dunklen und mächtig aufgeregten Wolken. Fackelzüge von Männern mit Helmen – der Traum ging einmal in Erfüllung, und wollten wir ihn moderner fassen: Black Angels, die auf ihren Harleys nächtliche Vorstädte unsicher machen, wären auch keine wesentlich angenehmere Vorstellung. Dieses Gedicht des jungen Rilke ist auch etwas obskur.

Aber ist es nicht wunderbar? Mit einer verblüffenden Unerschrockenheit sattelt Rilke sein Pferd, das immerzu die Sprache ist, und jagt es durch den Wald der Bilder, bis alles nur noch atemlose Bewegung ist, ein Beschleunigungsrausch, der in diesem Gedicht zum zitternden Stillstand kommt – so wie die Speichenräder der Kutsche im Wildwestfilm plötzlich im Vorwärtslauf zu verharren scheinen.

»Der Knabe« (um 1900 verfaßt) ist, noch bevor der Film begann, eine Filmszene und, noch bevor die kriegerische Technik der Akzeleration im Kino, auf der Straße und in der Luft ihre Triumphe feierte, eine Vorwegnahme jenes rasenden Vorwärtsdrangs, der die Epoche beherrscht und

ästhetisch erst viel später in Expressionismus und Futurismus seinen riskanten Ausdruck findet.
Bei Rilke ist das Risiko sprachlich gebändigt. Zwar wird die Energie entfesselt, aber noch begriffen in der Form einer Knabenphantasie; zwar toben schon die Kräfte, die Raum und Zeit sprengen werden, aber noch ist die Bilderwelt vertraut und nicht modern: Pferde und ein Kahn, Helme und eine Trompete. Nicht also die Rakete und das Teleskop, nicht das Funkgerät und die Filmkamera. Aber der Effekt ist schon da: *Die Häuser fallen hinter uns ins Knie, / die Gassen biegen sich uns schief entgegen, / die Plätze weichen aus: wir fassen sie* ... Schon sehen wir jenen Geschwindigkeitswahn der Moderne, der uns Gewohnheitstiere manchmal im unachtsamen Moment erwischt, da wir plötzlich die Empfindung haben, als stünde alles still.
Geschwindigkeit ist relativ. Für Rilke war »Der Knabe« eine Prager Erinnerung. Wer heute, von irgendeinem Autobahnzubringer oder Terminal kommend, die Prager Altstadt betritt, vielleicht noch im »Goldenen Tiger« ein paar Krüge des nahrhaften Bieres zu sich genommen hat, hinaus durch die Gassen das Häusergewirr durchquert, diesen erstarrten Aufmarsch von Geschichte und Geschichten, wer im raschen Schritt plötzlich seiner Richtung unsicher wird und rascher ausschreitet, dem biegen sich die Gassen schief entgegen, und die ohnedies schiefen Häuser fallen hinter ihm ins Knie. Denn Prag, das ist eines seiner Geheimnisse, erscheint als gewaltige optische Täuschung: Gering an Fläche, suggeriert die Stadt permanent Größe. Sie ist das Legoland der europäischen Geschichte: An jeder Ecke eine neue Epoche.
Rilke verbrachte dort seine Kindheit und ein paar Jahre

seines Abiturienten- und Studentendaseins. Man hat gesagt, Prag sei das Laboratorium der Moderne, und dafür spricht schon der Name Kafka. Anders als diesem gelang Rilke der Sprung in die weite Welt. Frankreich, Italien, Rußland, Ägypten. Aber die schiefen Gassen in Prag, so denke ich mir, haben ihn nie losgelassen, jene Gassen, in denen ein zentrifugaler Rausch entsteht, der auch, wie hier, eine Fluchtphantasie sein kann. Davon handelt das Gedicht. Seinen Abgang allerdings (*und unsre Rosse rauschen wie ein Regen*) finde ich ein bißchen dick: Hollywood in Prag.

Der Wahnsinn

Sie muß immer sinnen: Ich bin… ich bin…
Wer bist du denn, Marie?
Eine Königin, eine Königin!
In die Kniee vor mir, in die Knie!

Sie muß immer weinen: Ich war… Ich war…
Wer warst du denn, Marie?
Ein Niemandskind, ganz arm und bar,
und ich kann dir nicht sagen wie.

Und wurdest aus einem solchen Kind
eine Fürstin, vor der man kniet?
Weil die Dinge alle anders sind,
als man sie beim Betteln sieht.

So haben die Dinge dich groß gemacht,
und kannst du noch sagen wann?
Eine Nacht, eine Nacht, über eine *Nacht, –*
und sie sprachen mich anders an.
Ich trat in die Gasse hinaus und sieh:
die ist wie mit Saiten bespannt;
da wurde Marie Melodie, Melodie…
und tanzte von Rand zu Rand.
Die Leute schlichen so ängstlich hin,
wie hart an die Häuser gepflanzt, –
denn das darf doch nur eine Königin,
daß sie tanzt in den Gassen: tanzt!…

Peter Maiwald

Zum Verrücktwerden

Die Poesie zählt zu den Künsten, die ihre Verwandtschaft zu Wahnsinn und Einbildung nicht verleugnen. Shakespeare sah im »Sommernachtstraum« das Dichterauge »in schönem Wahnsinn rollend«, und auch Herder und Tieck haben vom »schönen Wahnsinn des Dichters« gesprochen, Wieland fand ihn »hold«, Jean Paul »selig« und Goethe »gefällig«. Bei soviel Schönseherei der eigenen Manie wundert es nicht, daß die Dichtkunst schon früh auch ein Auge auf fremden Wahnsinn geworfen hat. Kinder- und Narrenmund tun Wahrheit kund, sagt das Sprichwort und enthält gleichzeitig das poetische Interesse und sein Vernarrtsein in alle Erscheinungen der Sinnverrückung. »Der Verrückte«, bemerkte Kant, »ist also ein Träumer im Wachen« und hat auch umgekehrt viel mit den Wachträumern und Wachträumen der Poesie gemein.

Dichter, welche die Stimme ihrer Poesie anderen leihen, geraten leicht in den Verdacht der Unlauterkeit. Wer borgt, erscheint nicht ganz uneigennützig und kommt ins Zwielicht: Will da einer als Gegenleistung das Elend als Kunstfarbe borgen und zur Schau stellen? Zeigt da jemand mehr seine Fähigkeit zu Mitleid vor als das fremde Leid und macht sich auf Kosten der Mühseligen und Beladenen ein gutes Gewissen? Die Schimpf- und Verrufworte sind danach und reichen von Arme-Leute-Poesie über Gossenromantik bis zum saueren Kitsch.

»Denn Armut ist ein großer Glanz aus Innen« heißt es in

einem anderen Gedicht des Autors, und der Merkvers hat unter Rilke-Verehrern und Rilke-Verächtern die Runde bis zum Schwindel gemacht. Aus dem Zusammenhang der Gedichte gerissen, redet der Vers leicht der Putzigkeit, Verniedlichung und Verherrlichung von Leid das Wort und unterschlägt, daß sein Autor die Armen, »gegeben unter hundert Quäler«, durchaus »entwürdigt«, »gezeichnet« und »entstellt« sah. Wer einen Gedichtzyklus »Das Buch von der Armut und vom Tode« nennt, weiß, indem er demonstrativ zwei Begriffe verbindet, daß Elend und Armut Zeitverkürzung und Zeitverschwendung, »ungelebte Leben« bedeuten.
Das Gedicht verbindet mit dem Irrsinn seiner Person den Irrsinn einer Welt. Die Wahnsinnige und Kranke verkörpert das Echo des normalen Irrwitzes von oben und unten, von Arm und Reich. Sie ist ein Reflex auf die *Idée fixe* und den Starrsinn der Gesunden, koste es, was es wolle und ohne Rücksicht auf Verluste, nach Besitz und Geltung zu streben. Dabei macht sich das Gedicht mit seiner Figur keinerlei Illusionen auf eine Veränderung dieses Zustandes. Der Autor hält nüchtern genug fest, daß die Einbildungskraft, mit der sich seine arme lyrische Figur adelt, nur zur einfachen Verkehrung der alten Verhältnisse reicht. »Leute«, die knien und »ängstlich« am Rande stehen, scheinen da wiederum oder immer noch vonnöten.
Vielleicht ist die Literatur nur deshalb so auffallend mit Irrläufern, Tollen und Narren, Wahnsinnigen und Aberwitzigen, Verrücktgewordenen bevölkert, um an ihrem Beispiel zu erinnern, daß eher die Verhältnisse verrückt werden sollten statt der Menschen. Aber wie gesagt, auch im Falle der Literatur haben wir es mit einem Fall von »schönem Wahn« und Einbildungskraft zu tun.

Römische Fontäne

Borghese

Zwei Becken, eins das andre übersteigend
aus einem alten runden Marmorrand,
und aus dem oberen Wasser leis sich neigend
zum Wasser, welches unten wartend stand,

dem leise redenden entgegenschweigend
und heimlich, gleichsam in der hohlen Hand,
ihm Himmel hinter Grün und Dunkel zeigend
wie einen unbekannten Gegenstand;

sich selber ruhig in der schönen Schale
verbreitend ohne Heimweh, Kreis aus Kreis,
nur manchmal träumerisch und tropfenweis

sich niederlassend an den Moosbehängen
zum letzten Spiegel, der sein Becken leis
von unten lächeln macht mit Übergängen.

Hans-Ulrich Treichel

Wunschtraum eines Ruhelosen

Er war ein Getriebener, der es zumeist nicht länger als ein paar Monate, manchmal auch nur Wochen oder Tage an einem Ort aushielt. Und wer im Falle Rilkes von »Wanderjahren« oder von lebenslanger »Pilgerfahrt« spricht, wie manche Biographen es tun, der möchte der manischen Unruhe des Autors noch nachträglich einen Sinn und eine Richtung abgewinnen.

Auch nach Rom ist Rilke im November 1903 nicht als Pilger – weder im wörtlichen noch im übertragenen Sinne – gereist, sondern als Begleiter seiner Frau, der Malerin Clara Westhoff, die sich zu Studienzwecken in der Ewigen Stadt aufhielt. Obwohl Rilke ein kleines Gartenatelier in vorteilhafter Lage, in der Villa Strohl-Fern nahe der Villa Borghese bewohnt, bleibt ihm die Stadt am Tiber unzugänglich und »attrappenhaft blind«. Und selbst der römische Himmel, der auch den lärm- und smoggestreßten Besucher unserer Tage mit vielem wieder versöhnt, liefert dem Autor nur »billige Farbenspiele«, ist »seicht und versandet«, wie er am 12. Mai 1904 an Lou Andreas-Salomé schreibt. Eine Einladung nach Schweden erlaubt dem Dichter, Rom schon im Juni wieder zu verlassen, und er tut es ohne zu zögern.

Das Sonett »Römische Fontäne« hat Rilke auf seinem Weg in den Norden nicht im Gepäck, es entsteht erst im Juli 1906 in Paris. Wohl aber wird ihn die Erinnerung an den Borghese-Garten begleitet haben, der ihm und seiner Frau »schon in den ersten Tagen ein vertrauter Zufluchtsort« (Brief an Arthur Holitscher vom 5. November 1903) werden sollte. Die Ruhe des Gartens oberhalb der Spanischen Treppe spiegelt und verdoppelt sich gleichsam in der stillen, träumerischen Bewegung eines seiner Brunnen. Kein Strahl steigt auf, nichts fließt und fällt, wie noch in Conrad Ferdinand Meyers berühmtem Gedicht vom »Römischen Brunnen«, welches ebenfalls durch einen Borghese-Brunnen inspiriert wurde.

Hier ist alle Dynamik von Fallen und Steigen ganz verhalten, ganz leise geworden und wie nach innen gerückt. Fast möchte man meinen, die Fontäne drohe zum Rinnsal zu werden, so wenig Druck und Dynamik billigt Rilke ihr zu. Und man ist geneigt, mit Rilkes »Brunnen«-Gedicht aus dem Jahre 1885 bedauernd auszurufen: *Ganz verschollen ist die alte, / holde Brunnenpoesie, / da aus Tritons Muschelspalte / eine klare Quelle lallte, / die den Gassen Sprache lieh.* Doch ging es Rilke hier eben nicht um den Brunnen als Sinnbild entweder überschäumender oder aber wohlregulierter Natur- und Vitalkräfte. Die »Römische Fontäne« der Villa Borghese wird ihm vielmehr zum Ort der Stille, der beruhigten Affekte und der spiegelnden Selbsterfüllung.

In Rilkes aus einem einzigen Satz gebildeten Sonett teilt sich uns das Bild einer schmerzlos-innigen Selbstbegegnung mit. Zwar gibt es auch hier ein Nehmen und Geben, ein Träumen und Wachen, ein Reden und Schweigen, ein Zeigen und Sehen: doch alles geschieht nur innerhalb des Brunnens; ohne ein lyrisches Ich, ohne daß ein Betrachter sich über den Brunnenrand beugt - und ohne den Schmerz der Vergänglichkeit, den uns jeder Spiegelblick lehrt.

Es ist das vom Wasser bewegte Wasser selbst, dessen Erzittern Rilke in ein Lächeln verwandelt und das wohl

Spiegel des Himmels, aber ganz ohne »Heimweh« und nur bei sich selbst ist. »Sich selber ruhig verbreitend ohne Heimweh« aber, das ließe sich auch lesen als Wunschtraum eines Ruhelosen, der zwar ein Heimweh hatte, aber kein Heim; der weder stürzen noch erstarren wollte, sondern seine Kreise ziehen aus einer einzigen Mitte heraus.

Abschied

Wie hab ich das gefühlt, was Abschied heißt.
Wie weiß ichs noch: ein dunkles unverwundnes
grausames Etwas, das ein Schönverbundnes
noch einmal zeigt und hinhält und zerreißt.

Wie war ich ohne Wehr, dem zuzuschauen,
das, da es mich, mich rufend, gehen ließ,
zurückblieb, so als wärens alle Frauen
und dennoch klein und weiß und nichts als dies:

Ein Winken, schon nicht mehr auf mich bezogen,
ein leise Weiterwinkendes –, schon kaum
erklärbar mehr: vielleicht ein Pflaumenbaum,
von dem ein Kuckuck hastig abgeflogen.

Sibylle Wirsing

Die Überwindung

Vom Abschied, von dem Goethe tröstlich sagt, daß er im Hinblick auf das Wiedersehen ein Fest sei, ist nicht die Rede und die Abfolge von Trennung, Abwesenheit und Rückkehr, auf die Beethovens »Les Adieux«-Sonate vertraut, nicht die Perspektive. Rilke berücksichtigt weder die Vergangenheit noch die Zukunft und läßt jede Erklärung aus. Kein Wort über die Beziehung, die er aufgibt, und keines über den Grund der Abreise. Er erlebt den herzzerreißenden Augenblick als fulminante Ekstase.
Der Blick ins Innere ist ohne Tränenschleier. Aus dem trüben Urschmerz kristallisiert sich unter dem Druck der Situation das Ich-Gefühl klar heraus, und die Selbstbeleuchtung legt die Trauer bei, wie der Tag die Nacht aufhebt. Die zurückbleibende Person verfällt rapide. Eben ist sie noch als Bezugspunkt sichtbar und ist es schon nicht mehr. Sie geht in der Verallgemeinerung auf – »so als wärens alle Frauen« – und entschwindet der Wahrnehmung schneller als dem Auge. Wir sehen tief in eine Natur hinein, in der das Du keinen Bestand hat.
Die Beobachtung, daß man einen Verlust überlebt, indem man auf sein eigenes Selbst zurückkehrt, »gewohnt, nur dasjenige schmerzlich zu empfinden, was wir persönlich für die Folge zu entbehren haben«, ergänzt Goethe in einem späten Brief durch den Hinweis, daß uns das andere Ich schließlich auch um seiner selbst willen hätte gegenwärtig bleiben können. Demnach brauchte die Trennung keinen Gewaltakt zu bedeuten, der das Schönverbundene

zerreißt, sondern nur die Ausdehnung des Verhältnisses über die Entfernung hinweg und den Tod hinaus. Im »Wilhelm Meister«, in dem so viele Stufen des Abschieds durchlaufen werden, gibt Therese, die männlich-weibliche Figur des Romans, Auskunft darüber, wie versöhnlich man sich zu der Entsagung stellen kann. Sie zweifelt nicht an der Anwesenheit des abwesenden Freundes, obwohl es mit der zärtlichen Verbindung vorbei ist, und erklärt, die Welt werde erst dann zu einem bewohnten Garten, wenn man hier und da jemanden wisse, an den man sich halten könne – »mit dem wir auch stillschweigend fortleben«.
So erscheint es auch Rilke nicht angemessen, daß uns der Abschied zum Sklaven des Leidens macht: »Sollen nicht endlich uns diese ältesten Schmerzen fruchtbarer werden?« Aber er schlägt nicht vor, daß wir uns mit dem Bewußtsein beruhigen, die wechselseitige Anteilnahme hebe die Trennung auf. Seine Vision zielt auf einen wuchtigen und zugleich schlanken Akt. Wir verlassen, was uns bindet, so unwiderruflich, »wie der Pfeil die Sehne besteht, um gesammelt im Absprung *mehr* zu sein als er selbst«.
Zu dieser mannhaften Überwindung, für die sich die erste Duineser Elegie jedenfalls in Gedanken stark macht, ist das frühe Abschiedsgedicht nicht bereit. Es schöpft aus dem Schmerz keinen Schwung, sondern gibt sich der akuten Empfindung hin und akzeptiert die höhere Gewalt: »ein dunkles unverwundnes grausames Etwas«. Auch die Rückwendung, die später durch den Vergleich des mechanischen Absprungs unmöglich wird, ist hier noch erlaubt. Aber die geballte Egozentrik drängt bereits in die künftige Richtung. Der Blick zurück ist so kraftlos, daß er die Frau, die ihm zuwinkt und die er festhalten will, im Nu losläßt und ihre restliche Gebärde nur noch als Absurdität auf-

faßt: »vielleicht ein Pflaumenbaum, / von dem ein Kukkuck hastig abgeflogen.« Bereits vor der ersten Wegbiegung ist der Tod eingetreten, und der Schmerz wird mit sich selber selig.

Auferstehung

Der Graf vernimmt die Töne,
er sieht einen lichten Riß;
er weckt seine dreizehn Söhne
im Erb-Begräbnis.

Er grüßt seine beiden Frauen
ehrerbietig von weit –;
und alle, voll Vertrauen,
stehn auf zur Ewigkeit

und warten nur noch auf Erich
und Ulriken Dorotheen,
die, sieben- und dreizehnjährig,
(sechzehnhundertzehn)
verstorben sind im Flandern,
um heute vor den andern
unbeirrt herzugehn.

Hilde Spiel

Die gräflichen Kinder

Wenn einige Zeilen dieses kurzen Gedichtes sich immer wieder im Gedächtnis melden und erinnert sein wollen, dann liegt das ebenso an der Rührung, die sie auslösen, wie an ihrer Lächerlichkeit. »Auferstehung« ist in den gesammelten Werken Rilkes eingebettet in eine Reihe formvollendeter Poeme, die in den Frühlingsmonaten des Jahres 1906 in Paris entstanden sind. Zuvor ist der Dichter schnöde von Rodin sich selbst überlassen worden. Er lebt nun in einem kleinen Hotel der Rue Cassette. Seine Stube ist dürftig, aber »gut zu mir« und »hält sich um mich« – was wäre auch anderes von ihr zu erwarten? Aus ihr schreibt er nicht nur dies an seine Frau Clara in Worpswede, sondern zugleich Briefe an hochgeborene Patronessen wie die Gräfin de Noailles und die Prinzessin de Broglie, die er »Madonna« nennt.

In diesen Wochen äußerer Armut, die nun einmal ein »Glanz aus Innen« zu sein hat, ist Rilke von großen, feierlichen, heraldischen und genealogischen Themen erfüllt, angeregt durch die Ahnenforschungen seines Onkels Jaroslav Rilke wie schon im endlich beendeten »Cornet«. Im März ist in Prag sein Vater gestorben und in der Rilkeschen Familiengruft auf dem Friedhof von Olšany beigesetzt worden. In dem Dichter, der sich noch in diesem Sommer der Prinzessin gegenüber verächtlich über die *parvenus dans toutes les classes de la population* in Deutschland äußern wird, schwillt eine Welle des Wunschdenkens hoch. Im »Jugendbildnis meines Vaters«, wenige Tage vor der »Auferstehung« verfaßt, spricht er von dessen »schlanker adeliger Uniform«. Sein »Selbstbildnis« aus der gleichen Zeit beginnt mit der oft zitierten Schilderung »Des alten lange adligen Geschlechtes / Feststehendes im Augenbogenbau«.

Und nun dieser Aufbruch aus dem Grabe einer gräflichen Sippe am Jüngsten Tag, der so gar keine Schrecken der Apokalypse ahnen läßt, vielmehr dem zu einem Familienfest entspricht! Sie rüsten sich zum Weg in die Ewigkeit wie zu einem Treffen von Standespersonen. Den Söhnen haftet bereits ein kurioses Element des Märchenhaften an. Zu seinen beiden Gemahlinnen hält der Graf Abstand, wie Rilkes Vater – hoffentlich ebenso ehrerbietig – jahrzehntelang von seiner Frau. Nach zwei schlichten Versen dann der dritte, unvergeßliche, von jenen Kindern, die, mit einem Rilkeschen Manierismus, »im« Flandern dahingegangen sind und sich jetzt zu den anderen gesellen, um »unbeirrt« vor ihnen herzugehen.

Welch ein ergreifendes Bild! Man sieht sie vor sich, die einsamen Kleinen, in der Fremde dahingerafft aus verborgenem Anlaß, von einer Seuche oder einem kriegerischen Überfall. Aber fern von wo? Weshalb? Wieso? 1610 wurde Henri Quatre in Paris ermordet. In Flandern tobten die Glaubenskämpfe weiter. Seit wann ruht die gesamte Familie in ihrem Erb-Begräbnis? Ob die Rilke-Exegese dahintergekommen ist, weiß ich nicht. Doch das ist mir nur lieb. Denn der arme siebenjährige Erich, die süße Ulrike Dorothee, wie sie, einander an den Händchen haltend, ihren Altvordern und dreizehn Brüdern tapfer voranschreiten und als erste verschwinden in der Unendlichkeit – sie sind mir um so gegenwärtiger, weil ich sie zwar zeitlich und räumlich orten, doch sonst nicht einordnen kann. Alles hat Rilke ausgespart, hat uns nur, wie so oft, hochmütig eine seiner Augenblicksvisionen hingeworfen. Die ungewollt komische Form des letzten Verses aber verleiht ihm etwas von der Naivität alter Malereien, deren Ursprung und Herkunft unbekannt sind.

Blaue Hortensie

So wie das letzte Grün in Farbentiegeln
sind diese Blätter, trocken, stumpf und rauh,
hinter den Blütendolden, die ein Blau
nicht auf sich tragen, nur von ferne spiegeln.

Sie spiegeln es verweint und ungenau,
als wollten sie es wiederum verlieren,
und wie in alten blauen Briefpapieren
ist Gelb in ihnen, Violett und Grau;

Verwaschnes wie an einer Kinderschürze,
Nichtmehrgetragnes, dem nichts mehr geschieht:
wie fühlt man eines kleinen Lebens Kürze.

Doch plötzlich scheint das Blau sich zu verneuen
in einer von den Dolden, und man sieht
ein rührend Blaues sich vor Grünem freuen.

Rainer Gruenter

Eine Biographie des Blaus

Das Gedicht »Blaue Hortensie«, Mitte Juli 1906 in Paris niedergeschrieben, beschreibt in der gebundenen Form des Sonetts die kurze Lebensgeschichte einer Farbe. Der Farbe Blau Blütendolde und Blätter der Hortensie sind nur Bühne der Handlung, die das Blau besteitet. Nur als Farbe, als »das letzte Grün in Farbentiegeln«, sind die Blätter »hinter den Blütendolden« als Partner des Blaus zugelassen. So wie das Grün schon das Eingetrocknete, Eingestaubte einer erloschenen Farbkraft hat, so hat sich das Blau von seinem Gegenstand gelöst. In der Verfeinerung der Vergängnis hat es seinen Träger, die Blütendolde, entlassen. Sie trägt das Blau nicht mehr, sie spiegelt es nur aus einer Ferne, die es mit den opalisierenden Mischreizen des Welken, »verweint und ungenau«, ausstattet.
Seine Präsenz ist ungewiß, läßt sich nicht mehr eindeutig lokalisieren. Es zeigt bereits die Veränderungen der Übergänge, des Abgestandenen, wie in »alten blauen Briefpapieren«, die mit grauen Blässestellen und violetten Stockflecken vergilben. Das Zuoftbenutzte wurde das Nichtmehrbenutzte, wurde »verwaschen wie an einer Kinderschürze«, so daß es nun wie ein Kleidungsstück, das aufgetragen ist, nutzlos geworden ist. Es findet keine Verwendung mehr. Ihm kann, im zweideutigen Sinn des Abgetanen, Ausgespielten und zugleich Unerreichbaren, Vollbrachten nichts mehr geschehen. Das Blau hat »eines kleinen Lebens Kürze« hinter sich gebracht. Doch in einer nachbarlichen Dolde der Hortensie kehrt das Blau »ver-

neut« in die Blüte zurück, beginnt gleichsam eine neue Kindheit des Blaus, ein »rührend Blaues«, das sich diesseits aller farblichen Entrückungen seiner Verweslichkeit vor Grünem freuen kann. – In den Briefen, die Rilke in den Pariser Jahren zwischen 1905 und 1908 schreibt, gewinnt die Auseinandersetzung mit der Farbe eine immer größere Bedeutung. Rilke hatte sich in den Pariser Museen, Galerien, Ateliers und Salons mit dem Eigensinn des Ungeschulten zugleich eine optische Unschuld bewahrt, die ihn vor den Belanglosigkeiten des kunsthistorischen und ästhetischen Räsonnements schützte.

»Blaue Hortensie« ist keines der zahlreichen Gedichte auf Blumen, die uns die Natur-Lyrik geschenkt hat. Nicht die Pflanze, sondern das Blau ihrer Blüten in allen Stadien und Schattierungen seiner Verfallsverfeinerung ist der Gegenstand, das Thema der lyrischen Komposition. Die Verselbständigung des Blaus, seine Abstraktion setzen dichterische Bezüge frei, die eine ebenso neue wie einmalige Definition der Hortensie ermöglichen. Sie verleiht der Hortensie einen anderen Grad der Wirklichkeit, macht sie zum autonomen Kunst-Ding, das den Künsten einer abmalenden und abschreibenden Nachahmung oder lyrischen Evokation entzogen bleibt. »Blaue Hortensie« ist ein literarisches Stilleben. Das Stilleben des Blaus.

»Blaue Hortensie« ist das Artefakt eines Kunst-Asketen, der, wie seine Notizen über Cézanne in diesen Jahren zeigen, die existentiellen Kosten der Kunst kannte und zu bestreiten bereit war. Die Blüten der Hortensie tragen keine Früchte. Die Blätter der Blüte vergrößern sich, wenn sie ausblüht, und verfärben sich ins Grüne des Laubwerks. Die Unfruchtbarkeit ist der Preis ihrer zarten und kostbaren Schönheit, ihrer festlichen Unscheinbarkeit.

Corrida

In memoriam Montez, 1830

Seit er, klein beinah, aus dem Toril
ausbrach, aufgescheuchten Augs und Ohrs,
und den Eigensinn des Picadors
und die Bänderhaken wie im Spiel

hinnahm, ist die stürmische Gestalt
angewachsen – sieh: zu welcher Masse,
aufgehäuft aus altem schwarzen Hasse,
und das Haupt zu einer Faust geballt,

nicht mehr spielend gegen irgendwen,
nein: die blutigen Nackenhaken hissend
hinter den gefällten Hörnern, wissend
und von Ewigkeit her gegen Den,

der in Gold und mauver Rosaseide
plötzlich umkehrt und, wie einen Schwarm
Bienen und als ob ers eben leide,
den Bestürzten unter seinem Arm

durchläßt, – während seine Blicke heiß
sich noch einmal heben, leichtgelenkt,
und als schlüge draußen jener Kreis
sich aus ihrem Glanz und Dunkel nieder
und aus jedem Schlagen seiner Lider,

ehe er gleichmütig, ungehässig,
an sich selbst gelehnt, gelassen, lässig
in die wiederhergerollte große
Woge über dem verlornen Stoße
seinen Degen beinah sanft versenkt.

Hans-Ulrich Treichel

Mit formvollendeter Beiläufigkeit

Wer das »Museo Rilke« in der andalusischen Bergstadt Ronda besichtigen will, der gehe in das noch immer von Engländern bevorzugte Hotel »Reina Victoria«, wende sich an den Portier und frage nach dem Museum. Der Portier wird freundlich nicken, hinter sich greifen und dem Besucher den Schlüssel für das Zimmer 208 auf den Tresen legen. Dann darf sich der Besucher wie ein Hotelgast fühlen und sich gänzlich ungestört in dem bescheidenen Raum aufhalten, welchen Rilke während seiner ersten und einzigen Spanienreise im Winter 1912/13 bewohnte. Wenn der Besucher lange genug an dem kleinen Arbeitstisch gesessen und in den Mappen mit Zeitungsausschnitten, Briefkopien und Faksimiles geblättert hat, wird er aus dem Fenster in die karge Landschaft Andalusiens blicken, wird Staub sehen und Steine, Berg hinter Berg, und alsbald wird sich eine bedrückende Verlassenheit seiner bemächtigen, so daß er froh ist, hier nicht, wie der Dichter, einen ganzen Winter verbringen zu müssen.
Doch auch Rilkes Liebe zu Spanien war in erster Linie eine geistige, die den Realitäten oft genug nicht standhielt. Aus dem sehnsüchtig erwarteten Toledo vertreiben ihn Winterkälte und »Mißbehagen«, Sevilla läßt ihn gleichgültig und zuweilen auch ärgerlich werden, in Ronda plagen ihn »Schmerzen in Stirn, Schläfen und Augen«, Depressionen und Einsamkeit. »Wenn ich zufällig irgendein ›Zuhause‹ hätte«, schreibt er der Freundin Marie von Thurn und Taxis, »ich wäre unbedingt nach Hause gefahren.«

Doch er harrt aus, sehnt sich nach Schmargendorf zurück, wäre gern im Schwarzwald und fragt sich, wie es zugeht, »daß ich alles verderbe«. Spanien war für Rilke vor allem ein schöner Traum: der Traum von El Greco und »der Realität der Engel«, der Traum von »jenem Ruck«, mit dem man sich »ans Große hinreißt«, und der von einem heroisch-gelassenen Triumph über die Angst und den Tod. Letzteren hat er in seinem bereits 1907 in Paris entstandenen Gedicht »Corrida« ins Bild gesetzt.

Das Gedicht ist dem berühmten Torero Francisco Montez gewidmet, der im Jahr 1830 ein ganz spezielles und vor allem kaltblütiges Manöver im Stierkampf eingeführt hatte, den sogenannten *galleo*, das, wie Rilke seiner Frau Clara mitteilt, »Plötzlich-Sich-Abwenden von dem rasenden Tier, das, da es das Gesicht des Gegners nicht mehr findet, durch die plötzliche Veränderung verwirrt, vorbeistürzt und erst im nächsten Wenden den Stoß empfängt«.

Es ist ebendiese Bewegung, mit der auch der Torero in Rilkes Gedicht die schwarze archaische Gewaltmasse des Stieres an sich vorbei und unter seinem Arm hindurch ins Leere stürmen läßt. Dieses plötzliche Abwenden von der tödlichen Gefahr bereitet den Triumph des Toreros vor: nun kann er, und Rilke findet der Worte nicht genug, »gleichmütig, ungehässig, an sich selbst gelehnt, gelassen, lässig« den Stier, der wie eine Woge zurück- und auf den Stierkämpfer zurollt, auf »beinah sanfte« Weise töten.

Rilke war nicht, wie Hemingway, ein *aficionado*, ein Liebhaber und Kenner des Stierkampfes. Und er hätte einen Stierkampf – als Zuschauer wohlgemerkt – gewiß nicht unbeschadet durchgestanden. Er war vielmehr ein oftmals von sich selbst enttäuschter, hochempfindlich Leidender, dem gleichsam das Haar auf dem Kopf schmerzte. In der kaltblütig-eleganten Gelassenheit des Stierkämpfers hat er darum wohl weniger den Matador, den »Töter«, bewundert als vielmehr den souveränen Artisten, der selbst über die größte Gefahr mit formvollendeter Beiläufigkeit zu triumphieren vermag.

Das Karussell

Jardin du Luxembourg

Mit einem Dach und seinem Schatten dreht
sich eine kleine Weile der Bestand
von bunten Pferden, alle aus dem Land,
das lange zögert, eh es untergeht.
Zwar manche sind an Wagen angespannt,
doch alle haben Mut in ihren Mienen;
ein böser roter Löwe geht mit ihnen
und dann und wann ein weißer Elefant.

Sogar ein Hirsch ist da, ganz wie im Wald,
nur daß er einen Sattel trägt und drüber
ein kleines blaues Mädchen aufgeschnallt.

Und auf dem Löwen reitet weiß ein Junge
und hält sich mit der kleinen heißen Hand,
dieweil der Löwe Zähne zeigt und Zunge.

Und dann und wann ein weißer Elefant.

Und auf den Pferden kommen sie vorüber,
auch Mädchen, helle, diesem Pferdesprunge
fast schon entwachsen; mitten in dem Schwunge
schauen sie auf, irgendwohin, herüber –

Und dann und wann ein weißer Elefant.

Und das geht hin und eilt sich, daß es endet,
und kreist und dreht sich nur und hat kein Ziel.
Ein Rot, ein Grün, ein Grau vorbeigesendet,
ein kleines kaum begonnenes Profil –
Und manchesmal ein Lächeln, hergewendet,
ein seliges, das blendet und verschwendet
an dieses atemlose blinde Spiel…

Ulrich Weinzierl

Der weiße Elefant

Wer nicht viel mehr als den Namen Rilke kennt, der kennt außer dem »Cornet« zumindest »Der Panther«, »Herbsttag« und auch »Das Karussell«. Ohne Zweifel ein lyrisches Zugstück, ja ein »Schlager«, von Anthologisten nicht minder geschätzt als von Biographen. Hugo von Hofmannsthal zählte das Gedicht sogar zu den »durch Berühmtheit fast etwas beschwerten«, »fast allzu virtuosen«. Oft und gern und mit großem Erfolg hat es der Dichter selbst vorgetragen. Im Juni 1906 in Paris aufs Papier gebracht, entstammt »Das Karussell« den »Neuen Gedichten«, die dank der Begegnung mit Rodin und der französischen Moderne eine Wende in Rilkes Schaffen und Poetik ermöglichten: hin zur Sachlichkeit genauer Beobachtung, oder wie es der emphatische Stefan Zweig auszudrücken beliebte: »Triumph, endgültiger, einer ganz zu Plastik gewordenen Sprache«.
In der Erstausgabe 1907 und bis über des Autors Tod hinaus mußten die Leser übrigens auf eine Kleinigkeit im Druckbild verzichten: Wo jetzt, gemäß Ernst Zinns Edition der Sämtlichen Werke, drei Punkte das Finale ins Reich der Phantasie öffnen, stand bloß einer, der Schlußpunkt. Wirklich nur eine Petitesse? Immerhin kann der unmittelbar folgende, etwa gleichzeitig entstandene Text, »Spanische Tänzerin«, als Hymnus auf feurige Sinnlichkeit gelten. Auch daß die bekannteste, wiederkehrende, buchstäblich unvergeßliche Zeile, »Und dann und wann ein weißer Elefant«, so und nicht anders lautet, ist kein

Zufall. Trotzdem schwankte Rilke zwischen zwei Versionen, eine sonst identische Bleifstiftfassung begnügt sich mit dem Schrumpfrefrain »Und dann und wann…«. Beides, denke ich, hat miteinander zu tun – der in der poetischen Imagination schließlich siegreiche weiße Elefant und die drei Punkte.

Was aber macht die berückende Wirkung des »Karussells« aus? Zum einen sicher die Form: Im Reigen der fünffüßigen Jamben drehen wir uns gleichsam mit dem Beschriebenen im Kreis. Zauber der musikalischen Valeurs von Rhythmus und Reim, daß der Betrachter vom Betrachter, nämlich dem Flaneur am Rande, mit sanfter Gewalt mitten ins Geschehen geholt wird. Niemand vermag sich der Bewegung zu entziehen. Zugleich treten wir hier eine Reise ins Kinderland an. Obwohl es »lange zögert, eh es untergeht«, scheint das Sehnsuchtsterritorium frei von jeglicher Putzigkeit und Sentimentalität. Unversehens verwandelt sich der Jardin du Luxembourg in ein verlorenes Paradies, Urerfahrungen werden angesprochen. Denn da sind die Mädchen auf den Pferden. Dem unschuldigen Ritual »fast schon entwachsen«, treffen ihre schweifenden Blicke wie von ungefähr den Blick des außenstehenden Erwachsenen, somit den unseren: »Und manchesmal ein Lächeln, hergewendet«. Erwachendes Geschlechtsverlangen in der Pubertät ist gewiß noch kein Lustversprechen à la Lolita, doch träumerische Ahnung mit einem Hauch von frühreifer Koketterie.

Unter all den bunten Tieren tanzt der »dann und wann« auftauchende »weiße Elefant« auffallend aus der Reihe. Halb Albino-Laune der Natur, ist er vollends ein Fabelwesen. Der Gott Indra pflegte auf ihm zu reiten, und im Mythos von Gautama Buddha spielt er eine wesentliche

Rolle. Vor dessen Geburt sah Buddhas Mutter Maya im Traum einen weißen Elefanten in ihren Schoß eindringen. Wäre es übertrieben, auch bei Rilkes Leitmotiv einen sexuellen Unterton zu vermuten? Wohl kaum: Skeptiker seien daran erinnert, daß sich in den »Neuen Gedichten«, knapp vor dem »Karussell«, ausgerechnet das Sonett »Buddha« findet. Gerade in der Kunst des Andeutens liegt darum die Magie des Gedichts, der doppelte Boden dieser sehr besonderen Zartheit heißt Eros.

Der Panther

Im Jardin des Plantes, Paris

Sein Blick ist vom Vorübergehn der Stäbe
so müd geworden, daß er nichts mehr hält.
Ihm ist, als ob es tausend Stäbe gäbe
und hinter tausend Stäben keine Welt.

Der weiche Gang geschmeidig starker Schritte,
der sich im allerkleinsten Kreise dreht,
ist wie ein Tanz von Kraft um eine Mitte,
in der betäubt ein großer Wille steht.

Nur manchmal schiebt der Vorhang der Pupille
sich lautlos auf –. Dann geht ein Bild hinein,
geht durch der Glieder angespannte Stille –
und hört im Herzen auf zu sein.

Wolfgang Leppmann

Des Schrecklichen Ende

Eines der bekanntesten Gedichte von Rilke und wohl das schönste Tiergedicht deutscher Sprache, zumindest für Leser, denen Tier mehr bedeutet als Teddy oder Wauwau und Gedicht mehr als wohlklingende Reime. Ein Gedicht mit vielen Feinheiten, von der Einrahmung durch das Wörtchen »sein«, in jeweils verschiedener Bedeutung, über den Wechsel in der Perspektive (so daß nicht der Blick des Tieres an den Stäben, sondern diese an seinem Blick vorübergehen) und die »Zündfolge« von Stäbe-hält-Stäbe-gäbe-Stäben-Welt (die an das Rat-tattat eines Stokkes gemahnt, mit dem ein kleiner Junge an einem Zaun oder Gitter entlangfährt) bis hin zur letzten, sinngemäß um eine Hebung gekürzten Zeile.

Kaum zu glauben, daß »Der Panther« zuerst als Füllsel in einem böhmischen Provinzblatt erschien, als x-beliebiges Zeitschriftengedicht, eingezwängt zwischen eine Rezension und eine Erzählung. Das war im September 1903 gewesen. Seither ist das Gedicht oft anthologisiert und interpretiert worden, vorzugsweise als sinnbildliche Darstellung aller gefangenen Kreatur inklusive des Menschen, der am Bewußtsein der ihm gesetzten Grenzen – im Arbeitstag, in der Familie, in der eigenen Körperlichkeit, im bürgerlichen Leben, und wie die Deutungen alle lauten – krankt und an dieser Erkenntnis zugrunde geht. Ein weniger metaphorisch veranlagter, dafür aber um so fleißigerer Interpret kam nach dem Studium von Brehms »Tierleben« gar zum Schluß, daß es sich bei diesem Panther um ein Exemplar »in ziemlich weit vorgerücktem Stadium der Gefangenschaft« handeln müsse. Mag sein. Wir halten uns hier nicht an die Bücher, sondern an den Augenschein, zumal das dem Gedicht zugrundeliegende Erlebnis auf primärer Ebene so leicht wie vergnüglich nachzuvollziehen ist: man braucht sich nur in einigen Zoos umzusehen. Dann entdeckt man sogleich, daß der Panther (selbstverständlich nicht mehr derselbe, den Rilke beschrieb) im Jardin des Plantes heute noch in einem kleinen Käfig dahindämmert – eine Tierquälerei, die also in Paris und leider auch in Frankfurt noch fortdauert. Anderswo sind es andere Tiere, in der Stuttgarter Wilhelma zum Beispiel die Bären, die so gehalten werden, »als ob es tausend Stäbe gäbe und hinter tausend Stäben keine Welt«. In Berlin hingegen, wo der Panther hinter Glas wohnt, oder in München/Hellabrunn, wo wenigstens seine Verwandten, die Sibirischen Tiger, ihr eigenes Freigehege haben, verspürt man sehr viel weniger von einem »Tanz von Kraft um eine Mitte, / in der betäubt ein großer Wille steht«.

So schildert Rilkes Gedicht nicht nur einen Panther, sondern das gefährdete und gefangene Tier schlechthin und somit auch eine Phase in der Geschichte des Zoologischen Gartens, ja in der Beziehung des Menschen zum Tier. Freilich ist das Gedicht so vollendet, und jener »weiche Gang geschmeidig starker Schritte« so genau wiedergegeben, daß man es zu den Werken zählen muß, denen ihre eigene Schönheit im Wege steht. Unter diesem Aspekt gehört »Der Panther« in eine Reihe nicht mit Conrad Ferdinand Meyers »Der römische Brunnen« oder anderen Dinggedichten, sondern mit Celans »Todesfuge«. Die Perfektion der Form verstellt nahezu den Blick auf das Thema: hier die für das Los vieler Gefangener stellvertre-

tende Qual eines gefangenen Tieres, dort die Ermordung unzähliger Menschen.
So kann das Schöne, in Erweiterung der Ersten Duineser Elegie, nicht nur »des Schrecklichen Anfang« sein, sondern auch dessen Ende.

Der Schwan

Diese Mühsal, durch noch Ungetanes
schwer und wie gebunden hinzugehn,
gleicht dem ungeschaffnen Gang des Schwanes.

Und das Sterben, dieses Nichtmehrfassen
jenes Grunds, auf dem wir täglich stehn,
seinem ängstlichen Sich-Niederlassen –:

in die Wasser, die ihn sanft empfangen
und die sich, wie glücklich und vergangen,
unter ihm zurückziehn, Flut um Flut;
während er unendlich still und sicher
immer mündiger und königlicher
und gelassener zu ziehn geruht.

Hellmuth Karasek

Des Wortes hörbare Gestalt

Dieses Gedicht, das mit seinen Strophen ein wenig so wirkt, als hätte Rilke ein Sonett auf den Kopf gestellt (natürlich fehlen der letzten Strophe in Wahrheit dazu zwei Zeilen), ist ein fast schon allegorischer Vergleich, in dem das Leben und das Sterben in das Bild eines Schwanes getrieben werden, der sich vom Land ins Wasser begibt, den Übergang zwischen den beiden Elementen zögernd vollzieht, um schließlich im Wasser, seinem »eigentlichen Element«, angekommen zu sein: am Ziel, das eine Fortbewegung ist.

Aber auch dieser Vergleich, den man schon deshalb allegorisch nennen muß, weil er das, was er als erklärendes Bild heranzieht, Zug um Zug »übersetzt« (der Mühsal des Gehens entspricht das Leben, dem zögernden Ins-Wasser-Steigen das Sterben, dem immer befreiteren Schwimmen der Tod), auch dieser Vergleich steht gewissermaßen auf dem Kopf. »Der Schwan« heißt das Gedicht, aber der Schwan ist eigentlich nicht das Thema, nicht der Gegenstand des Gedichts, sondern ist nur das *tertium comparationis*, das Bild, das der Dichter für Leben und Sterben sucht.

Die scheinbar auf den Kopf gestellte Form, das scheinbar auf den Kopf gestellte Bild machen die irritierende Faszination dieses »Ding-Gedichts« aus, das zu Rilkes »Neuen Gedichten« (1906/07) gehört, die den Dichter unter dem Einfluß des Bildhauers Rodin zeigen, und die, zum ersten Mal, eine geradezu stupende Sicherheit, Eigenheit und

Meisterschaft des Ausdrucks zu erkennen geben. Diese Verse der »Neuen Gedichte« sind für Rilke nicht »Gefühle«, sondern (objektivierte, im Wort gleichsam Stein gewordene) »Erfahrungen«. Der Lyriker stellt sich einem epischen Anspruch.

Anders als etwa die Barocklyriker, die aus Gedichten Bilderformen auf dem Papier nachzuahmen suchten, also etwa »Baumgedichte« in Gestalt eines Baumes schrieben, wird in Rilkes »Neuen Gedichten« der Gegenstand selbst zur hörbaren Wortgestalt: Der im Zoo-Käfig gefangene, kreisende »Panther« oder der »Archäische Torso Apollos« von 1908, dessen leises Drehen im Umschreiten des Betrachters das Sonett nachvollzieht.

Im »Schwan« wird in einer sprachlichen Mimesis von höchster Vollkommenheit der ungeschickte, »ungeschaffene« Gang des Schwanes mit der sanften königlichen Harmonie des sich im Schwimmen Entfernenden kontrastiert. Was die Sonett-Assoziation hervorruft, ist die Stelle des »Übergangs« nach der zweiten Strophe, markiert durch den Doppelpunkt. Es ist der für Rilke so wichtige transzendente Übergang der (hier vorweggenommenen) »Sonette an Orpheus«, der Übergang vom Leben zum Tod, von dem wir nichts wissen, von dem als einziger Apoll und sein Sänger Orpheus, also der Dichter künden kann. Das so irritierend auf den Kopf gestellte Bild des Schwans läßt das Leben als Stolpern, als »gebunden« und »schwer« erscheinen und malt das Reich jenseits der Transzendenz als Reich, in dem man mündig, königlich und gelassen wird – in Steigerung des Komparativs.

Wer aus dem Gedicht (falschen) Trost ziehen wollte, den weist seine marmorne Kälte und kunstvolle Perfektion in die Schranken: es ist dann wie in einer Abweisung, ja Abfuhr des Lesers und Hörers, keine Verheißung des ewigen Lebens, sondern der zur Dauer geronnene Augenblick in einem Park, in dem ein Schwan sich ins Wasser niederläßt. Ein Bild, flüchtig und bleibend, flirrend von sich im Stillstand perfektionierender Bewegung. Weniger Rodin, mehr der Sogkraft der französischen Impressionisten verwandt.

Die Kurtisane

Venedigs Sonne wird in meinem Haar
ein Gold bereiten: aller Alchemie
erlauchten Ausgang. Meine Brauen, die
den Brücken gleichen, siehst du sie

hinführen ob der lautlosen Gefahr
der Augen, die ein heimlicher Verkehr
an die Kanäle schließt, so daß das Meer
in ihnen steigt und fällt und wechselt. Wer

mich einmal sah, beneidet meinen Hund,
weil sich auf ihm oft in zerstreuter Pause
die Hand, die nie an keiner Glut verkohlt,

die unverwundbare, geschmückt, erholt –.
Und Knaben, Hoffnungen aus altem Hause,
gehn wie an Gift an meinem Mund zugrund.

EGON SCHWARZ

Das bitter-süße Erlöschen

Was an diesem Gedicht fasziniert, ist die Tatsache, daß es bei aller kunstvollen Stimmigkeit von Rhythmus, Klang und Diktion über sich hinausweist und erst im Zusammenhang mit der Geschichte seinen tieferen Sinn enthüllt. Die Kurtisane von Venedig, Venedig als Kurtisane: diese Identität wird weit getrieben, mit einer Lust an Verwandlung, die der zu Anfang angerufenen venezianischen Alchemie nicht nachsteht. Der aus einfachen Naturstoffen, dem Salz und Glas ihrer Umwelt gewonnene Reichtum der Stadt hat seine Entsprechung in dem durch die bloße Sonne erzeugten Gold der Haare, die Bögen der Brauen in denen der Brücken, die Tiefe der Augen in der des Meeres. Eine subtile Auswahl der Vokabeln (»heimlicher Verkehr«, »steigt« und »fällt«) setzt sogar die Erotik, das Geschäft der Titelgestalt, in Beziehung zu den berühmten Existenzbedingungen der Stadt.

Bis hierher ist alles, wie die Überlieferung es nahelegt. Als das Sonett 1907 entstand (es gehört zum Zyklus »Neue Gedichte«), war Venedig längst zum Sinnbild kultureller Vergänglichkeit geworden. Gerade seine üppige Schönheit machte seinen Niedergang beispielhaft für das Lebensgefühl des Fin de siècle, das sich darin gefiel, im Ende einer Epoche das bitter-süße Erlöschen einer ganzen Kultur zu empfinden. Von Nietzsche bis Hofmannsthal, von Platen bis Schnitzler wurden Künstler nicht müde, das Schicksal der einst allmächtigen Beherrscherin des Mittelmeers, deren Geschichte die These von Entfaltung

und unvermeidlichem Untergang der Kulturen wie keine andere veranschaulichte, zu besingen und zu betrauern. Die Käuflichkeit der ehedem so stolzen Handelsstadt, die nun selbst zur Ware geworden ist, wird in tausenderlei Metaphern teils bedauert, teils verhöhnt, wobei es gleichbleibt, ob sie wie hier mit einer Hure oder wie etwa in Thomas Manns »Tod in Venedig« mit einer Fremdenfalle verglichen wird.
Aber Rilke wäre nicht Rilke, wenn er sich damit begnügte, in den Chor dieser konventionellen Lamentationen einzustimmen. Im Gegenteil, er benutzt die allgemeine Stimmung nur, um ihr eine charakteristische Wendung zu geben, um die weitverbreitete Allerweltswahrheit in ihr Gegenteil zu verwandeln. Die Sonettform, die so vielen seiner späteren Gedichte zugrunde liegt, eignet sich besonders gut zur Darstellung eines solchen Umschwungs oder Umschlags: eine in den beiden vierzeiligen Quartetten vorgetragene These wird in den beiden kürzeren Terzetten durch eine Gegenthese widerlegt und mittels deren übergreifender Schlagkraft absorbiert. So auch hier.
Nicht die Stadt ist dekadent, während die Besucher, Generation auf Generation, sich in ihrer stets erneuerten Jugendlichkeit und Vitalität gleichbleiben. Umgekehrt: Venedig erweist sich als unvergänglich, während es die Menschen sind, die in ihrer Schwäche an der alle überdauernden fürstlichen Gestalt zuschanden werden.
Aus der Dirne ist unversehens eine unnahbare Königin geworden. Erst jetzt ist die alchemistische Verwandlung vollkommen. Daß die proverbielle Schönheit Venedigs gerade »Knaben... aus altem Haus« zum Verhängnis wird, verheißt Überleben auch in der heraufziehenden Zeit, die nicht mehr von der aristokratischen Gesellschaft

beherrscht sein wird. Im Geist des Erkennenden und Eingeweihten ist die Stadt durch keinen biologischen Vorgang in ihrem Überdauern bedroht. Käuflich in der Empirie, aber unberührbar in der Idee, triumphiert sie über den Kleinmut der Zeitgenossenschaft.

Hier bewährt sich auch die Nützlichkeit der Poesie. Sie erstellt jenen unsichtbaren Raum, in dem sich die Form des zerfallenden Körpers erhält. Dies war jedenfalls in der Vorstellung Rilkes ihre Funktion. Sein Gedicht soll jedem, der unter dem Einfluß der öffentlichen Meinung bei der Annäherung an Venedig den Anblick einer sterbenden Stadt erwartet, zur Einsicht ihrer bereits eingetretenen Unsterblichkeit verhelfen.

Früher Apollo

Wie manches Mal durch das noch unbelaubte
Gezweig ein Morgen durchsieht, der schon ganz
im Frühling ist: so ist in seinem Haupte
nichts was verhindern könnte, daß der Glanz

aller Gedichte uns fast tödlich träfe;
denn noch kein Schatten ist in seinem Schaun,
zu kühl für Lorbeer sind noch seine Schläfe
und später erst wird aus den Augenbraun

hochstämmig sich der Rosengarten heben,
aus welchem Blätter, einzeln, ausgelöst
hintreiben werden auf des Mundes Beben,

der jetzt noch still ist, niegebraucht und blinkend
und nur mit seinem Lächeln etwas trinkend
als würde ihm sein Singen eingeflößt.

Gertrud Höhler

Götterfrühling

Der spätarchaische Jünglingskopf im Pariser Louvre ist es 1906, der Jünglingstorso des »Apoll von Belvedere« 1908, denen der dreißigjährige Rilke je ein Sonett widmet. Der »frühe Apollo« von 1906 ist weniger berühmt geworden als jenes spätere Torso-Sonett, das aus der Begegnung mit dem Kunst-Gott folgert: »Du mußt dein Leben ändern.« Zu rätselhaft bleiben im früheren Gedicht die Zeilen des ersten Terzetts, in denen die Rose sich entfaltet, jene mächtige Chiffre, die Rilke über sein Leben hinaus im Grabspruch beschwört.

»Früher Apollo«: Tages-, Jahres- und Lebensfrühe glänzen schattenlos und kühl aus diesem Marmor des sechsten Jahrhunderts. Ungemildert, wie das gnadenlose Frühlingslicht durchs nackte Gezweig blendet, trifft den Betrachter dieses jugendliche Schauen. »Schauen«, das ist für Rilke der Seherblick des Künstlers, der »fast tödlich« trifft, was er verwandelt. Der unverhüllte Glanz der Verse, die der frühe Gott bereithält, strahlt noch unverschattet, solange kein Lorbeer die ekstatische Begeisterung verteilt und dämpft.

Im späteren Sonett von 1908 ist der Glanz des verlorenen Hauptes als flimmernde Glut in das Bruchstück des Leibes abgestrahlt. Apoll, der unter die Götterversammlung mit dem gespannten Bogen trat, verbreitete selbst unter seinesgleichen »fast tödliche« Klarheit. Für den späten Rilke wird dieser Dichtergott zum Überwinder der Schwellen zwischen Tod und Leben. Orpheus, der die apollinische Leier »wie Rosenranken in den Ast des Ölbaums« eingewachsen in der Linken trägt, als er den Tartaros durchquert, wird in den späten Sonetten der Mittler aller Künstler. Von ihm sagt Rilke, vorausdeutend auf seinen eigenen Grabspruch: »Errichtet keinen Denkstein. Laßt die Rose / nur jedes Jahr zu seinen Gunsten blühn.«

Der Jünglingskopf im Louvre schaut mit weitgeöffneten Augen unter hochgeschwungenen Brauen durch den Betrachter hindurch. Das Ornament der Stirnlocken schmiegt sich im Regelmaß gleicher Spiralen um das entrückt lächelnde Antlitz. Ein »Rosengarten« soll diese weitaufgeschlagenen Augen verschatten, irdisches Blühen den Angriff des Gottes mäßigen. Rosenblätter, die über das marmorkühle Gesicht hingleiten werden, wenn die Rosen reifen und verblühen, müßten die lächelnden Lippen des Gottes in strömenden Versen lösen.

Die Rose ist Rilkes Rätselbild für die Versöhnung aller Widersprüche: »Blütenblätter... lauter Augenlider, / geschlossene, als ob sie, zehnfach schlafend, / zu dämpfen hätten eines Innern Sehkraft.« »Unerschöpflich Sich-Bescheinendes«, ist die Rose Dauer und Flüchtigkeit ineins, »reiner Widerspruch«. Ihre Blütenblätter, »lauter Augenlider«, die das Schauen des Sehers dämpfen, um sein Singen erst zu lösen, werden die Lippen des nicht mehr jugendlichen Gottes streifen. Jetzt noch steinern blinkend, werden diese sich bebend öffnen zum großen Gesang.

Der unerbittlich in die Ferne gerichtete Blick des jungen Gottes, sein stilles Lächeln um den »niegebrauchten« Mund, sein unbekränzter Kopf, der jede Auszeichnung zurückweist: der Dichter sieht in der überlegenen Einfalt

dieses abwartenden Lächelns die Sammlung des Schöpferischen, das auf seinen Augenblick wartet.
Der jugendlich stolze Gott schweigt. Er gehört zu den »großen, niemals werbenden Göttern«, wie Rilke in seinen späten Sonetten schreibt; sie »rühren nirgends an unsere Ränder«. Was uns umtreibt und knechtet, »die Aufenthalte der Liebe«, die Schuld, das blendet uns bei der Begegnung mit dem Gott: »An der Kreuzung zweier / Herzwege steht kein Tempel für Apoll.« Der Gott begehrt weder noch wirbt er. Deckungsgleich wird nur bei ihm das Leben mit der Kunst: »Gesang ist Dasein. Für den Gott ein Leichtes.«

Liebes-Lied

Wie soll ich meine Seele halten, daß
sie nicht an deine rührt? Wie soll ich sie
hinheben über dich zu andern Dingen?
Ach gerne möcht ich sie bei irgendwas
Verlorenem im Dunkel unterbringen
an einer fremden stillen Stelle, die
nicht weiterschwingt, wenn deine Tiefen schwingen.
Doch alles, was uns anrührt, dich und mich,
nimmt uns zusammen wie ein Bogenstrich,
der aus zwei Saiten eine *Stimme zieht.*
Auf welches Instrument sind wir gespannt?
Und welcher Geiger hat uns in der Hand?*
O süßes Lied.

---

* Hier stand zunächst »Spieler«. Rilke änderte 1918/19.

Gertrud Höhler

Klima des Schicksals

Ist es Liebe, die hier spricht? Ein Loblied auf die Unzertrennlichkeit der Liebenden, Sehnsuchtsstrophe des Entfernten in Zeiten der Trennung? Hingabe durchtränkt diese Verse; unwiderstehlich klassisch klingt der musikalisch hingeseufzte, vielzitierte erste Satz: Verschmelzungsruf eines erfüllten Liebenden.

Die sanfte Melodie dieses Liebesrufes trägt auch weiter, er bleibt »schön«, wenn der Leser die dunklen Ahnungen überspielt, die von der rätselhaften Gedichtmitte ausgehen: Fluchtimpulse des Ergriffenen, Einsamkeitssehnsüchte klingen hinter dem klagenden »Ach« der vierten Zeile auf.

Täuschte die Hingabe der verführerischen Eingangszeilen? Aber sie meldet sich wieder, sammelt sich im virtuosen Schlußbild, das den Gleichklang der Seelen als geheimnisvollen Akkord feiert: Instrument und Spieler bleiben den gleichschwingenden Seelen unerforschlich. Dennoch: Der Sänger dieser Verse möchte einzeln sein, er möchte diesen rätselhaften Zusammenklang verlassen, der bei jedem Außenreiz die beiden Liebenden in gleiche Schwingungen versetzt. Wem schreibt der junge Dichter Rilke diese Verse? Vielleicht seiner Frau, mit der er damals, Mitte März 1907, von Capri aus viele Briefe wechselt.

Längst war er dem Gleichklang mit dieser Frau auf die ihm eigene sanfte Art entflohen. Was in seinem dichterischen Vermächtnis von 1921, dem »Testament«, als

schmerzerfüllte Lebensklage aufklingt: »diese Angst vor dem Geliebtwerden«, das durchzieht schon diese frühen Verse.
Die Geliebte, umarmt durch das vertrauliche Liebesgeständnis des ersten Satzes, ohnmächtig geliebt, so will es scheinen, steht eigentlich als Hindernis im Weg. Die »Dinge« sind verstellt, die Aufgaben scheinen unerreichbar im Schatten der Liebenden. Der so in Bann Geschlagene möchte sich verstecken; wo niemand nach ihm sucht, wo niemand ihn erkennen kann, keiner sich auskennt, wo niemand ruft, dort möchte er Zuflucht finden. Es soll ein Ort sein, der vom Zauber der Liebenden frei ist: nichts darf hierher die verführerischen Schwingungen der Frauenseele melden.
»Doch«: das Unisono der Seelen widerlegt des Dichters Sehnsucht nach Heimkehr zu sich selbst. Unkenntliche Mächte scheinen im Spiel, die Gesetze des Fühlens liegen nicht in der Verfügung der Liebenden. Zweifach fragend begann der Sänger, doppelt fragend will er enden – da drängt sich noch ein lapidarer Satz an den Schluß, kürzer als alle Zeilen diese letzte: »O süßes Lied.« Nicht: O süße Liebe. Der Künstler spricht, nicht der Liebende. Das Geschaffene steht über dem Gefühl, es schenkt erkennbare Gestalt, wo das Erlebte undurchschaubar, rätselhaft bedrängend blieb. Wie er sich selbst rettet aus den »Bemächtigungen der Liebe«, so hebt er die Rätsel der Hingabe auf in der Form.
Jubel und Klage sind eins in diesem Gedicht; die »Tröstungen« der Liebe verquicken sich unlösbar mit ihrer Dämonie. Schon ist in diesem frühen Werk Rilkes Lebensproblem behutsam ausgebreitet: »die Liebe«, sagt er später, »ist das eigentliche Klima des Schicksals.« »Gab es

jene Liebende, die kein Hindernis war, die ihn nicht verlangsamte und ablenkte in die Aufenthalte der Liebe?«
Die »Speerspielerin Einsamkeit«, zu der er immer wieder schmerzgepeinigt flieht, von Anteilnahme zerrissen, läßt dann das geflohene Erlebnis im Kunstwerk »überstehn«.
Die Gestaltung als »Aufgabe«, die Erleben unerbittlich ausgrenzt: ein altes Künstler-Lebensthema. Das Gedicht des Capri-Frühlings von 1907 zeigt beides noch dicht verschlungen: Staunen, Hoffnung und Furcht. Noch sind die gegenläufigen Wünsche gleich stark: daß die Harmonie mit der Liebenden ihn überwältigen möge und daß ihm die Flucht in die Einsamkeit gelänge.
Dies war der Zwiespalt seines Lebens. »Wohnen in den Umarmungen kann nur der, der auch in ihnen sterben darf«, hat er später, geklärter und ergeben in sein Teil, geschrieben. Singend sah er sich als den Überwinder des Vergänglichen: »Gesang ist Dasein.« O süßes Lied.

Archaïscher Torso Apollos

Wir kannten nicht sein unerhörtes Haupt,
darin die Augenäpfel reiften. Aber
sein Torso glüht noch wie ein Kandelaber,
in dem sein Schauen, nur zurückgeschraubt,

sich hält und glänzt. Sonst könnte nicht der Bug
der Brust dich blenden, und im leisen Drehen
der Lenden könnte nicht ein Lächeln gehen
zu jener Mitte, die die Zeugung trug.

Sonst stünde dieser Stein entstellt und kurz
unter der Schultern durchsichtigem Sturz
und flimmerte nicht so wie Raubtierfelle;

und bräche nicht aus allen seinen Rändern
aus wie ein Stern: denn da ist keine Stelle,
die dich nicht sieht. Du mußt dein Leben ändern.

Ulrich Karthaus

Die Macht des Lichts

Das Gedicht eröffnet den Band »Der neuen Gedichte anderer Teil«. Mit dem Titel bezeichnet Rilke nicht die später, nach seinen frühen Gedichten entstandenen, sondern einen qualitativ anderen Typus des Gedichtes. Er spricht 1903 in Briefen an Lou Andreas-Salomé davon: »Das Ding ist bestimmt, das Kunst-Ding muß noch bestimmter sein; von allem Zufall fortgenommen, jeder Unklarheit entrückt, der Zeit enthoben und dem Raum gegeben, ist es dauernd geworden, fähig zur Ewigkeit. Das Modell scheint, das Kunst-Ding ist.« Kunst ist demnach »ganz getragen von Gesetz«, ein Ergebnis von »Disziplin«, »Arbeitenkönnen und Arbeitenmüssen«.

Als ich in den fünfziger Jahren dies Gedicht zum ersten Male las, feierte man Rilkes Lyrik als das herausragende Inspirationsereignis der deutschen Literatur dieses Jahrhunderts. Erst später lernte ich, daß Dichten auch Arbeit ist. Rilke drückt mit seiner Definition des »Ding«-Gedichtes den uralten Dichterwunsch nach Unsterblichkeit aus, den Horaz zweitausend Jahre vor ihm mit seinem Wort vom *monumentum aere perennius* – dem Denkmal, dauerhafter als Erz – ausgesprochen hatte und der seither immer wieder das Produktionsethos von Poeten bestimmt.

Und zu einem gewissen Zeitpunkt begann dies Gedicht, seit Jahren bekannt und scheinbar vertraut, mich zu faszinieren, und das kam so. In der deutschen Literaturwissenschaft gab es in den siebziger Jahren die sogenannte Rezeptionsästhetik. Man fragte nach dem Anteil des Lesers am Verständnis literarischer Werke und gelangte bisweilen zu einer übermäßigen Betonung dieses Anteils, so daß von der Substanz der Dichtung nur wenig übrigblieb. Es war dies eine Mode, wie sie deutsche Literaturwissenschaft immer wieder durchgespielt und aus der sie gelernt hat wie aus anderen.

Rilkes Gedicht hat mir damals plötzlich wieder deutlich gemacht, was fast in Vergessenheit geraten war: Ein Kunstwerk ist mehr als ein »Artefakt«, denn das ist schließlich auch ein Dosenöffner oder ein Schuhanzieher. Das Kunstwerk stellt an den Betrachter einen Anspruch, vor dem er bestehen oder versagen kann. Rilke spricht das in der sich steigernden Macht des Lichtes aus, das von dem Stein ausgeht – eine Metapher der Wahrheit. Der Stein »glüht«, »glänzt«, kann »blenden«, und in der dritten Strophe geht dies Leuchten in Bewegung über: es »flimmert«, bricht endlich über seine Grenzen hinaus und blickt den Betrachter an. Es mündet in einem Imperativ: »Du mußt dein Leben ändern.« Was heißt das? Sicherlich ist keine lebensreformerische oder innenarchitektonische Änderung der Lebensweise gemeint, obwohl die Entstehungszeit des Gedichtes, der wir die Reformhäuser und die Inneneinrichtungen des Jugendstils verdanken, das nahelegen könnte. Es ist auch nicht ein Katalog von Geboten gemeint, wie sie den Juden im Dekalog und den Christen in der Bergpredigt verpflichten.

Ich sehe in der Wahrheit, die aus dem Torso leuchtet, etwas wie den »Glanz«, der in Kafkas Türhüter-Parabel »unverlöschlich aus der Türe des Gesetzes bricht«. Auch dies Gesetz wird ja von Kafka nicht definiert oder gar kodifiziert, ebensowenig wie die Änderung des Lebens, die

Rilkes Torso fordert. Es ist das individuelle Gesetz des eigenen Lebens, das uns im Kunstwerk begegnet, unsere eigenen unverwirklichten Möglichkeiten. Wir ahnen sie vielleicht in beglückten Augenblicken, aber wir können sie nicht artikulieren, weil sie möglich sind und nicht wirklich. Wir begegnen ihnen nur in einem Akt freier Erkenntnis. Deshalb spricht dies Gedicht von einem Torso und nicht, beispielsweise, vom Apoll von Veji, dessen archaisches Lächeln den Besucher der Villa Giulia in Rom bezaubert.

Der Abenteuerer I

Wenn er unter jene, welche waren,
trat: der Plötzliche, der schien,
war ein Glanz wie von Gefahren
in dem ausgesparten Raum um ihn,

den er lächelnd überschritt, um einer
Herzogin den Fächer aufzuheben:
diesen warmen Fächer, den er eben
wollte fallen sehen. Und wenn keiner

mit ihm eintrat in die Fensternische
(wo die Parke gleich ins Träumerische
stiegen, wenn er nur nach ihnen wies),
ging er lässig an die Kartentische
und gewann. Und unterließ

nicht, die Blicke alle zu behalten,
die ihn zweifelnd oder zärtlich trafen,
und auch die in Spiegel fielen, galten.
Er beschloß, auch heute nicht zu schlafen

wie die letzte lange Nacht, und bog
einen Blick mit seinem rücksichtslosen
welcher war: als hätte er von Rosen
Kinder, die man irgendwo erzog.

Cyrus Atabay

Existenz als Wagnis

In einer Gesellschaft taucht plötzlich der Abenteurer auf und verursacht eine merkliche Beunruhigung unter einer Gruppe von Menschen, die vor ihm wie Komparsen zurücktreten, als wäre er der Protagonist. Von der Figur geht ein Bann aus, und der Raum, der sie umgibt, schafft Distanz und ist selbst unabgeschlossen, Möglichkeiten andeutend, während der Zustand der anderen als statisch angenommen wird.
Unbefangenheit und Übermut kennzeichnen die Erscheinung, die fast somnambul durch den Saal geht, um einer Herzogin den Fächer aufzuheben, als hätte er diese Gunstbezeigung vorausgesehen. Wer ihn in eine Fensternische begleitet, dem gewährt der Park eine Perspektive ins Unendliche, wenn er bereit ist, seiner Geste zu folgen. Dann wendet der Abenteurer sich einem Spieltisch zu, Gewinn oder Verlust, gleichviel, sein Einsatz ist das Risiko, und er gewinnt. Was immer er unternimmt, er sieht alles, es entgeht ihm nichts; man könnte von ihm sagen, daß seine Haupteigenschaft die Aufmerksamkeit ist: der Hellwache, der die Blicke alle behält.
Und ehe er die Gesellschaft wieder verläßt, erwidert er einen dieser auf ihn gerichteten Blicke mit seinem unerschrockenen, ja skrupellosen Blick, als berauschte er sich im Vorübergehn am Duft einer Rose, deren Gärtner er insgeheim ist.
Dieses Gedicht, in dem Züge Casanovas durchscheinen, erschließt alle Ingredienzien des Abenteurers. Dieser ist

ein Mensch, der sich beharrlich neue Hindernisse aneignet und überwindet, für den es angesichts der vielfältigen Entwürfe der Welt nur das fortwährende Experiment gibt. (»Immer wieder war ein Sein zu haben«, heißt es in einem anderen Gedicht Rilkes über ihn.) Das Wagnis spornt ihn an, nicht die Finalität der Tat, vielmehr birgt jede Herausforderung eine neue.

Es wäre verfehlt, ihm den Vorwurf der Verantwortungslosigkeit oder der Untreue zu machen, denn er lebt die Wahrheit seiner Existenz, das heißt, für ihn manifestiert sich in jedem Abenteuer das Abenteuer schlechthin, dem er verpflichtet ist.

Eine solche Existenz ist gefährdet und prekär, keine Stelle an ihr ist sicher, keine festlegbar. Rudolf Kassner bemerkt einmal, daß Rilke in jeder Situation alles getan hat, das Klischee zu vermeiden. Das mag es gewesen sein, was ihn an der Gestalt des Abenteurers faszinierte: die Möglichkeit, sich selbst zu übertreffen.

Der Pavillon

Aber selbst noch durch die Flügeltüren
mit dem grünen regentrüben Glas
ist ein Spiegeln lächelnder Allüren
und ein Glanz von jenem Glück zu spüren,
das sich dort, wohin sie nicht mehr führen,
einst verbarg, verklärte und vergaß.

Aber selbst noch in den Stein-Guirlanden
über der nicht mehr berührten Tür
ist ein Hang zur Heimlichkeit vorhanden
und ein stilles Mitgefühl dafür –,

und sie schauern manchmal, wie gespiegelt,
wenn ein Wind sie schattig überlief;
auch das Wappen, wie auf einem Brief
viel zu glücklich, überstürzt gesiegelt,

redet noch. Wie wenig man verscheuchte:
alles weiß noch, weint noch, tut noch weh –.
Und im Fortgehn durch die tränenfeuchte
abgelegene Allee

fühlt man lang noch auf dem Rand des Dachs
jene Urnen stehen, kalt, zerspalten:
doch entschlossen, noch zusammzuhalten
um die Asche alter Achs.

WOLFGANG PREISENDANZ

Alles redet noch

Das Gedicht aus dem zweiten Teil der »Neuen Gedichte« entstand am 18. August 1907 in Paris. In einem Brief vom Dezember 1905 berichtet Rilke von einem Besuch zusammen mit Auguste Rodin in Versailles: »Wir gingen zwei graue, leise Stunden im Garten von Groß-Trianon herum, der uns ganz gehörte und so neu und eigen war mit einer Reihe von Palästen und Pavillons, die auch der Meister noch nie so gesehen hatte.« Die Erinnerung dieser Stunden mag dem Gedicht zugrunde liegen.
Die beiden ersten Strophen beginnen mit dem Bindewort »aber«, das einen Einwand ankündigt. Wogegen sich der Einwand richtet, bleibt unausgesprochen; es erschließt sich nur durch das siebenmalige »noch«: der Doppelaspekt von »noch« und »nicht mehr« motiviert das Gedicht. Verschwundenes, Vergangenes drängt sich dem Anblick einzelner Elemente (Flügeltüren, Steingirlanden, Wappen) des Bauwerks auf, die Vorstellung von unwiederbringlich Versunkenem vertieft und belebt die Wahrnehmung dessen, was da als verlassenes Relikt vor Augen steht, Relikt einer Kulturepoche, in welcher der Pavillon seine Stelle im Leben hatte als Schutzraum verborgenen, so strahlenden wie flüchtigen Liebesglücks. Imaginäres und Sichtbares verschränken sich im Anblick einer Stätte, die noch immer etwas parat hält, was sie als Denkmal, sogar als Komplizin des aus ihr entschwundenen Lebens sprechend werden läßt. Sprechend freilich nur für einen Betrachter, dem sich im materiell Gegenwärtigen dessen

Gesichtstiefe auftut, weil sich seiner Sensibilität die Aura mitteilt, die dem Pavillon anhaftet und innewohnt. Ein »stilles Mitgefühl« mit dem erotischen Glück, das sich in ihm »verbarg, verklärte und vergaß«, umwittert die Stätte und bemächtigt sich des Betrachters über die Zeitferne hinweg: »alles weiß noch, weint noch, tut noch weh«. Daß sich eine noch so fern gerückte Sache unser bemächtigen könne, hat Rilke in einem Brief kurz nach der Niederschrift des Gedichts »unsere Eingenommenheiten« genannt, die viel mehr vom Gegenstand als von uns selbst ausgingen. Was einst die Stätte mit Leben erfüllte, überdauert als ihre Aura die Leere eines architektonischen Relikts.

Hugo von Hofmannsthal hat mit Bezug auf Gedichte wie das vorliegende von »einzigartigen, im Visuellen wurzelnden, ins Seelische hinübergehenden Evokationen« gesprochen. Das trifft die Sache besser als der Begriff »Dinggedicht«, der sich für Gebilde wie »Der Pavillon« eingebürgert hat. Denn dieser Begriff besagt nichts über das wahre Gedichtmotiv: auszusprechen, wie sich die Aura eines »Dings« der Wahrnehmung bemächtigen, wie Anschauen zum Eingedenken werden kann. Die kaum unterbrochene Kette von gleichklingenden Vokalen und gleichanlautenden Wörtern sowie das vielmalige Ineinandergreifen der Sätze über das Versende hinaus ergeben eine Klanggestalt, die im Vergleich mit gegenwärtiger »sperrigerer« Lyrik zu eingängig erscheinen mag. Und Rilkes »Eingenommenheit« von der verbliebenen Aura eines verwaisten Pavillons mag man nostalgisch finden; aber den flachen, unbetroffenen Blick touristischer Besichtigung übertrifft sie allemal.

Die Brandstätte

Gemieden von dem Frühherbstmorgen, der
mißtrauisch war, lag hinter den versengten
Hauslinden, die das Heidehaus beengten,
ein Neues, Leeres. Eine Stelle mehr,

auf welcher Kinder, von Gott weiß woher,
einander zuschrien und nach Fetzen haschten.
Doch alle wurden stille, sooft er,
der Sohn von hier, aus heißen, halbveraschten

Gebälken Kessel und verbogne Tröge
an einem langen Gabelaste zog, –
um dann mit einem Blick als ob er löge
die andern anzusehn, die er bewog

zu glauben, was an dieser Stelle stand.
Denn seit es nicht mehr war, schien es ihm so
seltsam: phantastischer als Pharao.
Und er war anders. Wie aus fernem Land.

Christoph Perels

Pharao aus der Asche

Dies Gedicht gehört nicht zu den prominenten Rilke-Texten. Mit seinen zäh fließenden Übergängen von Vers zu Vers und von Strophe zu Strophe, mit seinen bläßlichen Reimwörtern »der« und »mehr« und »er« und »woher«, mit seinen scheinbar unbeholfen nachgeschobenen Relativsätzen und Parenthesen widersetzt es sich allen Erwartungen an ein wohlgefügtes Gedicht.

Ein Haus ist abgebrannt, herkunftslose Kinder toben auf dem Platz herum, der Sohn des Hauses stochert in der Asche. Der dichtende Einsiedler in Paris, der dort im Frühsommer 1908 seine Verse niederschreibt, mag sich schemenhaft eines Ereignisses in einem der Dörfer um Worpswede mit ihren reetgedeckten Häusern erinnert haben. Ein Motiv, so deutlich wie letztlich belanglos. So habe ich das Gedicht öfter als nichtssagend und grau beiseite gelegt. Und doch blieb eine Beunruhigung zurück, als sei da ein Widerhaken in den Text eingebaut: Was soll der Pharao in der Heide bei dem verwirrten Sohn, bei den Kindern, den versengten Hauslinden, dem Aschehaufen in der konturlosen Landschaft Norddeutschlands?

Eine merkwürdige Gesellschaft hat sich um die Brandstätte versammelt, es geht zu wie auf einer Müllkippe. Lauter Ortlose oder ortlos Gewordene, um die Nachbarin Natur – als Frühherbstmorgen – mißtrauisch einen Bogen schlägt. Mit einem Mal aber beginnt der Sohn zu sprechen, und es tritt Stille ein. Vielleicht lügt er, wie ja nach alter platonischer Tradition auch die Dichter lügen.

Wie so manchen Bettler und Irren hat Rilke auch diesen vom Unglück Geschlagenen in einen Visionär, einen Dichter verwandelt, der sich Glauben zu verschaffen weiß wider allen Schein der Wirklichkeit. Wo alles nur wüst und leer ist – oder weil es so ist? –, findet er Raum für ein Werk seiner Einbildungskraft. Das nur noch erinnerte Heidehaus ersteht erneut aus der Asche, der Destruktion folgt nun aber nicht eine Rekonstruktion, sondern ihr widerspricht eine scheinbar absurde Neukonstruktion, »phantastischer als Pharao«. Eine Märchengestalt, der Inbegriff von Pracht und Größe, erhebt sich am Rande der Natur und am Rande der Zivilisation. Als exotische Figur und als exotisches Wort leuchtet die Erscheinung so irreal wie nur möglich im Grau der Asche und im Grau der Wörter. Daß gerade diese Figur und dieses Wort hierhergehören, verbürgt freilich allein der, der hier einmal gewohnt hat, dem nicht recht zu trauen ist und dem man ja auch nicht alles Beliebige glauben muß. Das Wunder, das da in der Wüstung aufgeht, ist ein Wortwunder, und wo die Erfahrungswelt auseinandergebrochen ist, baut die Wörterwelt überraschend Brücken. Mit dem Wort »Pharao« entsteht an der Stelle des Heidehauses ein Palast. Rilke, in Paris zum Wörterbuchleser geworden, gibt seinem Gedicht ein heimliches Wissen mit, die ursprüngliche Bedeutung des Namens »Pharao«: großes Haus. Die Sprache beglaubigt die phantastische Vorstellung. Was da an die Stelle der niedergebrannten Realität tritt, übertrifft noch alle Wunderwelt des Pharao, ist noch phantastischer.

Gewicht und Sinn dieser drei Wörter in der vorletzten Zeile des Gedichts leuchten desto klarer, je nichtiger und namenloser die Welt ringsum geworden ist. Die Dichtung beginnt einen neuen Tag, der des natürlichen Frühherbstmorgens nicht mehr bedarf, um aufzugehen. Und wenn der »Sohn von hier« lügen sollte, so gleicht sein Lügen doch jenen »priesterlichen Betrügen«, mit denen, wie Rilke gelegentlich schreibt, »seit Anfang der Zeiten das Göttliche gefördert worden ist« – seine Botschaft ist keine mehr von hier, sondern eine »aus fernem Land«, dem Land der Kunst, an deren Göttlichkeit Rilke noch glaubte.

Die Flamingos

Jardin des Plantes, Paris

In Spiegelbildern wie von Fragonard
ist doch von ihrem Weiß und ihrer Röte
nicht mehr gegeben, als dir einer böte,
wenn er von seiner Freundin sagt: sie war

noch sanft von Schlaf. Denn steigen sie ins Grüne
und stehn, auf rosa Stielen leicht gedreht,
beisammen, blühend, wie in einem Beet,
verführen sie verführender als Phryne

sich selber; bis sie ihres Auges Bleiche
hinhalsend bergen in der eignen Weiche,
in welcher Schwarz und Fruchtrot sich versteckt.

Auf einmal kreischt ein Neid durch die Volière;
sie aber haben sich erstaunt gestreckt
und schreiten einzeln ins Imaginäre.

Wolfgang Leppmann

Fingerübung eines Virtuosen

Was die Sprache an Klangfülle und -farbe, an Geschmeidigkeit und Eleganz, an Alliteration und Lautmalerei hergibt: in diesen drei Sätzen, in diesen vierzehn Zeilen wird es ihr abgefordert. Es ist, als verführten mit den Flamingos auch die Worte sich selber, bis der Neid der von der Natur weniger begünstigten Zoobewohner den Wohllaut kakophonisch zerreißt. Ähnlich wie in der »Weise von Liebe und Tod« führt Rilkes Meisterschaft hier hart am Banalen, ja am Kitsch vorbei und überdauert dennoch alle Nachahmung.

Fragonard gemahnt an *»La chemise enlevée«* und andere Rokokoszenen, in denen sich eine höfisch-galante Erotik spiegelt. Dem Leben, nicht der Kunst entstammt hingegen die Freundin, die uns in einem Männer- oder zumindest einem Herrengespräch geschildert wird, nämlich so, wie sie im Bett aussieht, beim Erwachen: »sie war noch sanft von Schlaf«; die Wiederholung des gedehnten Vokals wirkt hypnotisch wie die Liebkosung einer streichelnden Hand. Zeitlos überhöht schließlich erscheint Phryne, die schon dem Praxiteles Modell gestanden hatte (und ein gleiches noch für Schiller tat, als er den Karl Moor in Bruder Franzens Worten als »empfindsam für die Reize einer Phryne« bezeichnete). Kurz, was in der Oktave vor uns aufgebaut wird, ist nicht weniger als das Bild der Verführerin selbstdritt: im Gemälde, im Fleisch, im Stein. Es ist, wenn man so will, zugleich auch Eros, Sexus, Mythos. Das wird alles so leicht vor uns hingezaubert, daß man

sich fast schämt, den zarten Vögeln mit gelehrtem Geschütz auf den Leib zu rücken.
Überhaupt ist dies ein Gedicht, das sehr leicht hätte mißlingen können. Da ist zunächst das Motiv des Sich-Verbergens in der eigenen Weiche, eine Geste der Autoerotik, die – im Gegensatz zum Narzißmus vieler Werke der damaligen Kunst, etwa der Wiener Sezession – hier jedoch aller Peinlichkeit entbehrt. Auch ist in diesen Zeilen nicht von apokalyptischen Tieren die Rede (nicht einmal, um bei der Fauna der »Neuen Gedichte« zu bleiben, von symbolbefrachteten Schwänen oder Falken), sondern eben von *Phoenicopterus rubex*, einem Vogel, an dem, grob gesagt, unser poetischer Bedarf schnell gedeckt ist. Ein Thema, an dem sich durchaus keine gesellschaftspolitischen Aspekte »erarbeiten« lassen, wird hier in einem Sonett behandelt, das sich als Dinggedicht selber aufhebt, indem es seine Funktion: das dargestellte Objekt aus sich heraus und von seiner charakteristischen Seite her zu beleuchten, so gut erfüllt, daß als eigentlicher Wesenszug der Flamingos nur die völlige Selbstbezogenheit übrigbleibt. Diese wiederum ist ein Destillat, an dem sich der Leser nicht annähernd so erwärmt wie beispielsweise an der Noblesse des »Panther«. – Und trotzdem haben wir hier ein kleines Meisterwerk vor uns.
Man spürt, dies ist die Fingerübung eines Virtuosen, der sein Handwerk spielend beherrscht und nach neuen Themen Ausschau hält. In der Tat ließ der »Auftrag« (so nannte es Rilke) nicht lange auf sich warten: »Die Flamingos« entstand im Frühjahr 1908, kurz vor den »Aufzeichnungen des Malte Laurids Brigge« und den ersten »Duineser Elegien«.

Gebet für die Irren und Sträflinge

Ihr, von denen das Sein
leise sein großes Gesicht
wegwandte: ein
vielleicht Seiender spricht

draußen in der Freiheit
langsam bei Nacht ein Gebet:
daß euch die Zeit vergeht,
denn ihr habt Zeit.

Wenn es euch jetzt gedenkt,
greift euch zärtlich durchs Haar:
alles ist weggeschenkt,
alles, was war.

O, daß ihr stille bliebt,
wenn euch das Herz verjährt;
daß keine Mutter erfährt,
daß es das gibt.

Oben hob sich der Mond,
wo sich die Zweige entzwein,
und, wie von euch bewohnt,
bleibt er allein.

Wolfgang Koeppen

Die Gefangenen, die Irren und der Dichter

Das »Gebet für die Irren und Sträflinge« ist im Insel-Almanach auf das Jahr 1912 erschienen. Das Kalendarium begleiten zwölf Schattenrisse aus dem Goethekreis, die Wieland-Silhouette, von Goethe geschnitten. Sokrates erscheint als Fotografie der Herme aus dem Neapler Museum und könnte die Büste eines Gymnasialprofessors jener Zeit sein. Ein Porträtmedaillon, gefunden in Como, zeigt Lucrezia Borgia als achtungheischende Landesfürstin, Hausfrau, Mutter von Ferrara, nicht dämonisch, nicht lasziv, zugenommen an Gewicht und hoffentlich Verstand. »Kulturpolitik treiben, heißt den Sinn für Vollkommenheit, Verfeinerung und Raffinement zu wecken oder wieder zu erwecken suchen«, doziert Henry van der Velde, der Arbiter der Ästhetik. Hugo von Hofmannsthal erzählt von einem »Ritt durch Phokis«. »Wir ritten lange zwischen zwei Hecken von wilden Rosen.« Der Insel Verlag, im Nachglanz der Sonne von Weimar, umwarb mit seiner Visitenkarte, dem geschätzten, fast schon bibliophilen Almanach voll schöner Literatur, humaner Sitte und trefflichen Beispielen der bildenden Künste den unterrichteten Leser, der 1912 mit sich und der Welt zufrieden ins Jahr ging.

Der Titel des Gedichtes von Rilke überrascht hier. Ich las ihn heute, nicht 1912, und fand die Überschrift »Gebet für die Irren und Sträflinge« aktuell, provokant, politisch. Ein garstig Lied? Das Gedicht ist schön. Leise sein Erschrekken, sein Zorn, sein Protest, wenn überhaupt vorhanden. Zum vorgenommenen Thema ist der Text blaß, auf den ersten Blick unbedeutend. Ich dachte an zwei andere, gleich diesem zwischen 1910 und 1912 entstandene, den Irren und den Gefangenen zugeeignete Gedichte des jungen Georg Heym. Da kehrt der Sträflingstrupp von der Feldarbeit zurück »in das große Grab, das wie ein Schlächterblock ins Graue stiert«. Das ist das Zuchthaus. Das ist Gefängnis. Wir kennen das; zumindest haben wir eine sehr konkrete Vorstellung von Gefangenschaft, Zwangsarbeit und Verwahrung, dazu Erfahrungen und böse Träume. Und die Irren? Bei Heym sind sie, ist ihre unsägliche Lage mit drei Strichen gezeichnet: »Ein Wärter, eine Peitsche, eine Kette.« Das schlägt in die festen Mauern der Heil- und Pflegeanstalten und reißt das Elend bloß.

Doch kommt mir beim zweiten Lesen Rilkes stillwirkendes Gedicht viel radikaler vor als Heyms Expressionismus, nihilistischer als jeder ja optimistische Aufruf, die Zucht- und Irrenhäuser zu stürmen, die Eingesperrten zu befreien. Die Lage der Gefangenen, für die Rilke betet, ist endgültig hoffnungslos. Es gibt keine Freiheit. Weder auf Erden, noch im Himmel. Die Frage nach Schuld, Sühne und Vergebung erübrigt sich. Die Gefangenen sind aus dem Sein gefallen, »Ihr, von denen das Sein leise sein großes Gesicht wegwandte«, es ist ihnen Furchtbares widerfahren, etwas, das mit ihnen war, das aus dem Kosmos kommt, zum All gehört, dem Unvorstellbaren, das sie verstieß. Wir wissen nicht warum.

Der Dichter und Beter Rilke zählt sich noch, wenn auch nur vielleicht, zu den Seienden draußen in der Freiheit. Das verwundert, zwei Jahre nach den »Aufzeichnungen des Malte Laurids Brigge«. An anderer Stelle heißt es bei

Rilke: »Nachtwächter ist der Wahnsinn, denn er wacht.« Hier ist, wie bei großen Völkern in alten Zeiten, der Wahnsinnige der Auserwählte, der Wächter, der Prophet, der Dichter. Man wird nie auf ihn hören, aber er hat das kommende sichere Unglück gesehen. In dem Gebet, das Rilke für die Befallenen spricht, ist von Rettung nicht die Rede. Sie ist poetisch aufgehoben. »Denn ihr habt Zeit.« Die Gefangenen sind in der Ewigkeit. Der Dichter ist es noch nicht. Er ist in Furcht und möchte zärtlich reden zu jenen, denen »alles, was war« schon weggeschenkt ist. Weggeschenkt ist hoffnungsloser, grausamer als weggenommen.

Um 1912 waren Appelle an das Mitleid beliebt. Der fortgeschrittene Zeitgenosse schämt sich dieses Gefühls. Aber Rilke erwägt gar nicht eine Beschwörung menschlicher oder göttlicher Barmherzigkeit. Sein so sanftes, so gütiges Gebet ist böse und brutal wie die Vernichtung von Leben, Leib und Seele in einem Gangsterfilm, der uns grausam begeistert. Der Mond geht noch romantisch auf und ist doch schon die Strafkolonie einer beängstigenden Science-fiction.

Rilke wird mit den Engeln der »Elegien« kämpfen, die schrecklich sind, aber immerhin korrespondierende Mitglieder des großen Welttheaters. Seinen Gefangenen gebietet Rilke Schweigen. »O, daß ihr stille bliebt, wenn euch das Herz verjährt.« Es zerreißt das Herz.

Ich fürchte mich so

Ich fürchte mich so vor der Menschen Wort.
Sie sprechen alles so deutlich aus:
Und dieses heißt Hund und jenes heißt Haus,
und hier ist Beginn und das Ende ist dort.

Mich bangt auch ihr Sinn, ihr Spiel mit dem Spott,
sie wissen alles, was wird und war;
kein Berg ist ihnen mehr wunderbar;
ihr Garten und Gut grenzt grade an Gott.

Ich will immer warnen und wehren: Bleibt fern.
Die Dinge singen hör ich so gern.
Ihr rührt sie an: sie sind starr und stumm.
Ihr bringt mir alle die Dinge um.

Walter Müller-Seidel

Sprechen von den Dingen

Ein Gedicht der Jahrhundertwende, aus dem Furcht und Bangen spricht, und ein Gedicht, das warnen will. Veröffentlicht wurde es 1899 in dem Versbuch »Mir zur Feier«, entstanden ist es zwei Jahre zuvor, nach der Auskunft Ernst Zinns: in Berlin-Wilmersdorf am 21. November 1897.

Mit seinen Gebärden des Bangens und Warnens steht das Gedicht quer zur Zeit und ihrem Fortschrittsglauben – eine unzeitgemäße Betrachtung. Die Welt wird nicht vorbehaltlos bejaht – so wenig wie Vergangenheit beschworen wird. Die gewisse Ratlosigkeit, die zwischen den Zeilen steht, fällt auf. Sie ist für die beginnende Moderne kennzeichnend, weil sich die Wirklichkeit mit den Maßstäben ästhetischer Vollkommenheit immer weniger »bewältigen« läßt. Aber kennzeichnend erst recht ist das vielfach gestörte Vertrauen in die Sprache.

Auch in diesem Gedicht ist es erkennbar, und daß es ein Dichter ist, der Furcht vor dem Wort der Menschen äußert, zeigt an, wie wenig sich das Selbstverständliche noch von selbst versteht. Gilt solche Furcht auch dem Wort der Dichter – derjenigen, die mit ihm Herrschaft ausüben und gebieten?

An Stefan George zu denken liegt nahe. Tatsächlich fühlte sich Rilke von ihm in jenem Spätherbst beeindruckt und bedrängt. Am 14. November war er ihm zum erstenmal begegnet, im Salon des Malerehepaares Lepsius. Von Georges gebieterischen Versen spricht ein späterer Brief

Rilkes; und das eigene Anderssein sucht er in einem Gedicht zu behaupten, das sich auffällig dem Ton des »Meisters« nähert: »ich werde nie mich neigen vor der Strenge / Der bleichen Bilder in dem tiefen Buche.« Dennoch reicht die Furcht vor dem Wort der Menschen über eine Beziehung wie diese weit hinaus. Vorbehalte gegenüber jenen sind einzuschließen, die alles überdeutlich oder eindeutig ausdrücken, die alles vorherwissen oder zu berechnen vorgeben.

Das Erscheinen der »Welträtsel« von Ernst Haeckel im Jahre 1899 stand unmittelbar bevor, als Rilkes Gedicht entstand. Es geht daher auch – und nicht zuletzt – um das Wort der Wissenschaft, in der die Lösbarkeit aller Probleme behauptet wird; und zur Wissenschaft gehört Entzauberung, wie es bei Max Weber heißt. Gegenüber einer solchen Kultur der eindeutigen Begrifflichkeit und der »Allwissenheit« werden hier die Dinge zur Sprache gebracht – die Natur, das Tier, die Gegenstände der Kunst.

Sie werden genannt, damit wir sie vernehmen oder sie singen hören, wie gesagt wird. Was heißen soll, daß sie nicht nur Objekte unseres Verfügens sind, sondern daß sie selbst etwas sind, als hätten wir es mit handelnden Subjekten zu tun. Von der Empörung der Dinge ist in einer der frühen Erzählungen Kafkas bezeichnenderweise die Rede. Aus dem veränderten Verhältnis zu ihnen erklärt sich der Ton gegen Ende des Gedichts, die vorwurfsvolle Anrede an alle, denen die Dinge nichts mehr bedeuten, die ihre Musik nicht mehr vernehmen: »Ihr rührt sie an: sie sind starr und stumm. / Ihr bringt mir alle die Dinge um.«

Solches Sprechen von den Dingen hat man vielfach mißverstanden: entweder als Dingmystik und damit als eine

Art weltlicher Theologie oder auch als einen zivilisationsfeindlichen Rückfall in ein vorindustrielles Zeitalter – als sei es ausschließlich Aufgabe der Schriftsteller, im Strome der Zivilisation munter mitzuschwimmen, wohin er auch treibt.
In Wirklichkeit haben wir es, was die Dinge angeht, nicht nur bei Rilke mit einem Umdenken von epochaler Bedeutung zu tun, die darin beruht, daß Herrschaft über die Natur nicht mehr unangefochten gilt; daß man der Denkart derjenigen nicht mehr uneingeschränkt vertraut, die alles wissen, »was wird und war«. Der Bewußtseinswandel ist unbeschadet der poetischen Mängel, die man dem Gedicht nachsagen kann, ein Fortschritt: ein solcher nämlich nicht vom Menschen weg, sondern zum Menschen hin.

Du aber, Göttlicher

Du aber, Göttlicher, du, bis zuletzt noch Ertöner,
da ihn der Schwarm der verschmähten Mänaden befiel,
hast ihr Geschrei übertönt mit Ordnung, du Schöner,
aus den Zerstörenden stieg dein erbauendes Spiel.

Keine war da, daß sie Haupt dir und Leier zerstör.
Wie sie auch rangen und rasten, und alle die scharfen
Steine, die sie nach deinem Herzen warfen,
wurden zu Sanftem an dir und begabt mit Gehör.

Schließlich zerschlugen sie dich, von der Rache gehetzt,
während dein Klang noch in Löwen und Felsen verweilte
und in den Bäumen und Vögeln. Dort singst du noch
jetzt.

O du verlorener Gott! Du unendliche Spur!
Nur weil dich reißend zuletzt die Feindschaft verteilte,
sind wir die Hörenden jetzt und ein Mund der Natur.

Werner Weber

Melodie und Ernüchterung

Das Gedicht »Du aber, Göttlicher...« steht am Schluß des Ersten Teils der »Sonette an Orpheus«; Rilke hat es in Muzot geschrieben, 1922, anfangs Februar. Fast zwanzig Jahre vorher, in Rom, ist das Gedicht »Orpheus. Eurydike. Hermes« entstanden; ein Nachsinnen über den mythischen Bericht, den Ovid in seinem Epos »Metamorphosen« gibt. Das Geschehnis: Orpheus hat sich, entgegen der Weisung, im Aufstieg aus der Unterwelt nach Eurydike umgesehen. »Schon ist die Geliebte entglitten.« Hermes geleitet sie zurück ins Reich der Schatten – dieses Geschehnis (Wiederfinden, Abschied und Verlust) bringt Rilke zu Wort, fast so, als wäre das schweigende Erzählen des attischen Reliefs »Orpheus und Eurydike mit Hermes« (um 420 v. Chr.) nach tausend und tausend Jahren laut geworden.

Aber das war noch nicht, woraufhin Rilke, der Dichter, lebte. Erst nach Jahren, 1921, ergab es sich ihm ganz, und ein zufälliger Fund spielte beziehungsreich mit: die Reproduktion einer Federzeichnung des Giovanni Battista Cima da Conegliano (um 1459 bis 1518). Da war jetzt nur er, Orpheus, der Sänger, dessen Lied die Tiere, die Wälder und Felsen bezaubert, so daß sie ihm folgen. Jetzt hat Rilke sein Schlüsselwort, sein Lebenswort... *Wir sollen uns nicht mühn / um andere Namen. Ein für alle Male / ists Orpheus, wenn es singt*... Dieses Singen hat das Heulen der Mänaden, hat ihr zerstörerisches Wüten gegen sich. Bei Ovid: ...*von dem Hügel dort oben erblicken ciconische junge / Rasende Weiber, die Brust mit Fellen bekleidet, den Orpheus, / Wie in die Saiten der Laute er greift zum Gesange der Lieder. / Eine davon schreit auf... / ›Dort ist er, der uns mißachtet!‹ und sendet die Lanze / In das Gesicht des Tönebegabten, des Sohnes Apollos...* Doch im Erleiden dieser Feindschaft, in der Vernichtung des Sängers gründet die Dauer des hinterlassenen Liedes. Da gewinnt es sein ordnendes Vermögen, lehrt Ein-Sehn und Ein-Hören von Welt.

Davon redet das Gedicht »Du aber, Göttlicher...« Oder singt es? Es redet nicht; es singt nicht. Es vollzieht sich in der Schwebe zwischen beidem; ist redendes Singen, singendes Reden. Der erste Vers schon ist auf diese Weise gestimmt. *Du aber, Göttlicher, du, bis zuletzt noch Ertöner:* Die melodische Reihe *Du / Göttlicher / du / Ertöner* ist unterbrochen durch ordnende, erläuternde Bemerkungen: »aber«, »bis zuletzt noch«. Jedoch das eine wirkt ins andere; die Bemerkungen gewinnen Melodie, die Melodie wird ernüchtert.

Melodie und Ernüchterung. Diese Doppelgebärde gilt überhaupt für Rilkes Umgang mit dem Baumuster des Sonetts. Keine der konventionellen Erwartungen löst er ein, weder metrisch noch in der Anordnung der Endreime. Zu besonderer Kraft (sagte Poe einmal) komme eine Reimfolge, wenn in ihr das Erwartete nicht eintrifft. Hier: Was einem das erste Quartett ins Ohr gibt (*Ertöner / befiel / Schöner / Spiel*), tönt im zweiten nicht nach (*zerstör / scharfen / warfen / Gehör*). Nichts von Stimmungsmache; nichts zu voreiliger Gewöhnung. Eben dadurch aber zeigt das Gedicht auch sein eigenes Spiel als »erbauendes Spiel«. Erbauend – ganz trocken: aus dem Ruin einen Bau erstellend: das Gedicht.

Das führt zur Summe am Schluß, im zweiten Terzett. Da sind die Reimwörter »zuletzt« / »jetzt« je in die Mitte ihrer Verszeile genommen, gewichtvoll ausgezeichnet. Binnenreim; für ihn trifft zu, was Karl Kraus über den Reim sagte: *Er ist das Ufer, wo sie landen, / sind zwei Gedanken einverstanden.* »Zuletzt« und »jetzt« verstehen sich im Übergang vom Ruf des Verlustes »O du verlorener Gott!« zum Ruf des Gewinns »Du unendliche Spur!« Der Sänger, zuletzt für das Werden des Liedes geopfert, öffnet im Lied, jetzt und dauernd, die Spur zu jenem Ein-Sehn und Ein-Hören von Welt. Das ist die Sendung des Dichters, der (so Rilke schon 1907, in einem Vortrag über Rodin) »Orpheus heißt, wenn sein Arm auf einem ungeheuern Umweg über alle Dinge zu den Saiten geht...; derselbe, der endlich stirbt, das steil aufgestellte Gesicht im Schatten seiner in der Welt weitersingenden Stimmen«.

Frühling ist wiedergekommen

Frühling ist wiedergekommen. Die Erde
ist wie ein Kind, das Gedichte weiß;
viele, o viele … Für die Beschwerde
langen Lernens bekommt sie den Preis.

Streng war ihr Lehrer. Wir mochten das Weiße
an dem Barte des alten Manns.
Nun, wie das Grüne, das Blaue heiße,
dürfen wir fragen: sie kanns, sie kanns!

Erde, die frei hat, du glückliche, spiele
nun mit den Kindern. Wir wollen dich fangen,
fröhliche Erde. Dem Frohsten gelingts.

O, was der Lehrer sie lehrte, das Viele,
und was gedruckt steht in Wurzeln und langen
schwierigen Stämmen: sie singts, sie singts.

Werner Ross

Ein Gedicht übers Gedichtelernen

Die »Duineser Elegien« und die »Sonette an Orpheus«, das Doppelwerk des »späten« Rilke, gelten als schwierig. Früher näherte man sich ehrfürchtig, auf Zehenspitzen; heute zögert man – zuviel Weihrauch, zuviel Orakelsprüche, zuviel kirchenväterliche Exegese.
Das einundzwanzigste aus dem ersten Teil der »Sonette an Orpheus« scheint eine glückliche Ausnahme. Es kommt leicht daher, ist sangbar, hat etwas Kindliches. Rilke, in seinen spärlichen Anmerkungen zu den Sonetten, hat diesem einen Kommentarsatz gegönnt: es sei gleichsam die »Auslegung« einer merkwürdig tanzenden Musik, die er einmal von den Klosterkindern in einer kleinen Nonnenkirche zu Ronda während einer Morgenmesse habe singen hören. »Die Kinder, immer im Tanztakt, sangen einen mir unbekannten Text zu Triangel und Tamburin.«
Ein Tanzlied also, ein Frühlingslied, ein Ringelreihen auf der Wiese, in den Farben grün und blau. Der erste Vers so lapidar wie »Der Mai ist gekommen«. Aber schon der zweite biegt das schwebende »Die Erde« des ersten Verses in eine sehr kühne Metapher um, eine, an die kein Frühlingslied jemals gedacht hat: die Erde ein Kind, das »Gedichte weiß«. Und von nichts anderem ist in dem ganzen Sonett die Rede: Von den Leiden und Freuden der Schulkinder – so könnte es überschrieben sein. Bei einem strengen Lehrer hat das Schulkind Erde seine Gedichte, seine Vokabeln, seine Grammatik gelernt, der Winter war die Lehrzeit, Herr Winter hieß der Lehrer.

Der Frühling ist *nicht* personifiziert; er ist die Freiheit, die doppelte der Befreiung vom Lernen und der Hinwendung zum Spiel. Er ist der Preis für fleißiges Lernen, der »Spielraum« für das Fang- und Haschespiel der Kinder. Das Lernen selbst, die Wintermühe, die Monotonie des weißen Bartes, der weißen Buchseiten entpuppt sich als Befruchtungsvorgang: nur wer schwarz auf weiß gelernt hat, *kann* die Vokabeln grün und blau. Wurzeln und Stämme, die Termini der stirnrunzelnd forschenden Etymologen, werden bei ihrem botanischen Doppel- und Ursinn gepackt. Die Wissenschaft, unverächtlich, notwendig, wird nunmehr beiseite getan. »Sie hätte singen sollen, diese neue Seele«, merkte Nietzsche zu seinem gelehrten Erstlingswerk an. Diese Seele singt.
Die rückerinnerte Kindheit, das *»temps perdu«*, wird als Fegefeuer *und* als Paradies erinnert. Damals war sie noch einzufangen, die Erde, das ungebärdige Schulkind, das sich den Erwachsenen verweigert. Die braven kleinen Spanienkinder aus der Nonnenschule, mit ihren Tamburin und Triangel, verwandeln sich in einen himmlisch übermütigen Puttenchor, in ein jagendes Puttengepurzel, »blind und verwildert in des Haschens Hast«.
Die Stirb-und-Werde-Dialektik der »Sonette« gibt auch der Winterstarre und der Lehrerstrenge ihren sakralen Platz. Rilkes karger Winter hatte immerhin ein Jahrzehnt gedauert. So lange brauchen halt Wurzeln und Stämme. Ohne die Qual des Lernens – und es ist schön altmodisch als Auswendiglernen gemeint – nicht der Jubel des Ausrufezeichens hinter »sie kanns, sie kanns!«. Die Dichtungstheorie Paul Valérys hat hier Pate gestanden: das gelungene Gedicht ist die *»difficulté vaincue«*, die überwundene Schwierigkeit, die bezwungene Form. Das

Schulkind, das seine *Gedichte* kann, wird zum Sinnbild des Dichters, der das *Dichten* kann. Schulkindes Leid wird übertrumpft von Schulkindes Triumphgefühl, das Schema läßt sich auf allen Ebenen durchexerzieren, auf der höchsten ist es der singende und preisende Orpheus selbst.
Das Tanzlied hat es geschafft, so leicht zu sein, wie sein Sinn es meint. Es *ist* leicht, ein Vergnügen, es auswendig zu lernen. Kein Ballast fürs Gedächtnis, sondern eine Lust. Am gleichen Tag, an dem Rilke Takt und Tanz dieser Verse ersann, schrieb er die berühmten Sätze der IX. Elegie: »Erde, du liebe, ich will... Namenlos bin ich zu dir entschlossen...«

Wandelt sich rasch auch die Welt

Wandelt sich rasch auch die Welt
wie Wolkengestalten,
alles Vollendete fällt
heim zum Uralten.

Über dem Wandel und Gang,
weiter und freier,
währt noch dein Vor-Gesang,
Gott mit der Leier.

Nicht sind die Leiden erkannt,
nicht ist die Liebe gelernt,
und was im Tod uns entfernt,

ist nicht entschleiert.
Einzig das Lied überm Land
heiligt und feiert.

Joachim Kaiser

Unbegreifliches Leiden und Kunstschönes

Man liest die erste Strophe dieses – wie sagte doch Gottfried Benn irgendwo? – »fast unverzeihlich schönen« Gedichts und ist sogleich ergriffen vom zarten, visionären A-Dur-Klang. Ganz unmittelbar, noch diesseits angestrengter analytischer Nachprüfung, stellt sich jene »Emotionsgewißheit«, jenes »Neugierigwerden«, jenes Gefühl des »Griffs nach der Kehle« her, worauf es in der Kunst, zumal in der Lyrik, vor allem andern ankommt. So meisterhaft wie unauffällig macht Rilke in der ersten Strophe den Vokal a zum Hauptton: Vom »W*a*ndelt« über »r*a*sch« bis zu den »Wolkengest*a*lten«, welchen dann in der vierten Zeile das »heim zum Ur*a*lten« majestätisch kadenzierend, archaisch originell und tief beruhigend entspricht.

Das ist der Rilkesche Zauber, den der Parodist Robert Neumann nach Kräften zu blamieren suchte (»Durchklirrt die Gefahr und schirrt seine Stute. Und der ganzen staunenden Mädchenschaar – ihr girrt noch geblufft über Tag und Jahr der Rilkesche Rhythmus im Blute«). Den aber immerhin Musil mit der Feststellung feierte, Rilke habe »das deutsche Gedicht zum erstenmal vollkommen gemacht«. Was hebt nun Rilkes XIX. Sonett sternenweit hinaus über die blöde Neumann-Formel vom Bluff? Es ist der Umstand, daß hier die Sprache, wie es im lyrischen Wortkunstwerk sein soll, einerseits ihr tönendes Eigenleben führt, in eigener Sache rauscht. Aber sie be-rauscht nicht nur: sie teilt zugleich ein Weltbild, eine charakteristisch gestufte Ordnung der Dinge mit.

Um dieses Weltbild, diese Ordnung der Dinge zu erkennen, braucht der Leser kein Kenner antiker oder mittelalterlicher Philosophie zu sein, wo das Dauernde und Wesenhafte dem Besonderen, Zufälligen, Veränderbaren in strenger Hierarchie übergeordnet erschien. Der Sonett-Text verdeutlicht sein Daseinsmuster hinreichend. Weltliches Treiben wandelt sich so rasch wie Wolken – doch das Vollendete fällt in den Bereich des Alten, Wahren. Die zweite Strophe bezieht Orpheus in dies Spannungssystem ein. Vor allem Wandel und Getriebe »währt« die Kunst. Des Orpheus Gesang. Ob da vielleicht sogar eine Dreidimensionalität gemeint ist, der zufolge Orpheus' Kunst, als »Vor-Gesang«, gleichsam zuallererst da war, braucht nicht eindeutig entschieden zu werden. Die zweite Strophe und die beiden letzten Verse des Sonetts deuten es zumindest an.

Schön und gut – denkt man: was für eine treffliche, scholastische Ideen-Pyramide. Nur, was hat diese perfekte Orpheus-Ontologie, die unterstellt, alles sei von Gott fabelhaft sinnvoll geordnet, mit uns zu tun? 1915 schrieb Rilke in einem Brief: »Wenn wir im Lieben unzulänglich, im Entschließen unsicher und dem Tod gegenüber unfähig sind, wie ist es möglich, dazusein?« Genau diese Einwände, diese ewigen Felsen des Atheismus, nimmt das Sonett in seine Kunstfeier hinein. Und zwar im ersten Terzett, dem genialen und lakonischen Höhepunkt des Gedichtes. »Nicht sind die Leiden erkannt« – kann dies etwas anderes meinen, als daß wir armen Erdenbürger keinen Sinn in den Leiden zu sehen vermögen, die uns ein unbegreifliches Fatum zumutet? »Nicht ist die Liebe gelernt.« Was im Korinther-Brief über die Liebe steht, dem hat die Menschheit nie zu entsprechen vermocht. Und

schließlich: Orpheus durfte zwar den Versuch wagen, Eurydike aus dem Totenreich zurückzuholen. Doch ob der Tod etwas Endgültiges ist, ewige Entfernung, oder nur Wandlung – uns bleibt es verschleiert.
Doch das Lied überm Land, so will es der Künstler Rilke, heiligt und feiert trotzdem. Macht ein herbes Dasein überstehbar. Man merkt es der Anmut dieser Verse an, daß Rilke, nach langer Qual mit den Duineser Elegien, seine Sonette an Orpheus 1923 rasch und wie in einem Zuge niederschrieb.

Tränenkrüglein

Andere fassen den Wein, andere fassen die Öle
in dem gehöhlten Gewölb, das ihre Wandung umschrieb.
Ich, als ein kleineres Maß und als schlankestes, höhle
mich einem andern Bedarf, stürzenden Tränen zulieb.

Wein wird reicher, und Öl klärt sich noch weiter im Kruge.
Was mit den Tränen geschieht? – Sie machten mich schwer,
machten mich blinder und machten mich schillern am Buge,
machten mich brüchig zuletzt und machten mich leer.

Harald Hartung

Die schöne Erschöpfung

»Ich weiß, es kann eine ›Reaktion‹ geben«, schreibt Rilke nach der Vollendung der Elegien und Sonette an Lou. Jene Reaktion stellt sich ein, zunächst als diffuses Unwohlsein, in der Form unbestimmter körperlicher Störungen. In diversen Behandlungen sucht der Dichter Heilung und Aufschluß über seine Krankheit. So verbringt er ab Ende August 1923 vier Wochen im Sanatorium Schöneck am Vierwaldstättersee. Eine verfehlte Kur; aber er gewinnt ihr etwas an Produktion ab. Einer Dame, die er kennenlernt, Elisabeth Salomon, der späteren Frau Friedrich Gundolfs, widmet er »Zwei Gedichte«.

Das erste, »Ex voto«, ist so etwas wie sublime Parodie auf den Brauch der Gläubigen, unter dem Heiligenbild einen Dankspruch mit der Abbildung des geheilten Körperteils anzubringen. Da ihm selbst sein Krankheitsbild unklar ist, richtet er die Aufforderung an die Dame: *Nimm mich ganz an dein Bild: Vielleicht siehst du's an mir.* Erotische Koketterie oder ein versteckter Hilferuf? Wie immer: »Ex voto« bleibt dichterisch ein Spiel mit der Konvention. »Tränenkrüglein« dagegen ist wahrhaft eine Weihegabe.

Man darf an die kleinen Gefäße aus Glas oder Ton denken, wie sie in der Antike als Grabbeigaben üblich waren. In ihnen heiligte der Mensch seine Trauer und begrenzte sie zugleich, indem er ihr ein Maß abgewann. Es war auch die Meinung der Totensagen, daß übermäßige Trauer die Ruhe der Toten störe. In Bechsteins Märchen vom Tränenkrüglein erscheint das gestorbene Kind der Mutter, die drei Tage und drei Nächte geweint hatte. In den Händen trägt es ein übervolles Krüglein und bittet die Mutter, nicht mehr zu weinen. Sonst werde das Krüglein überfließen, und es werde »keine Ruhe haben im Grabe und keine Seligkeit im Himmel«.

Wie immer, wenn Rilke ein Thema oder Motiv aufgreift, gibt er ihm eine neue Wendung. Zwar benutzt das Gedicht den Reim, doch seine daktylischen Langzeilen haben antikischen Ton und erinnern an Epigramme, wie sie in der Antike als Aufschriften auf Weihgeschenken, Standbildern, Grabmälern erscheinen. Rilkes Tränenkrüglein freilich gibt sich selbst die Aufschrift. Es spricht auch nicht von den Toten oder den Trauernden, sondern buchstäblich in eigener Sache.

Es will anders sein als die nützlichen Gefäße für Wein und Öl und setzt sich nicht ohne Stolz gegen die »anderen« und ihr Menschenwerk ab. Es begreift sich als selbsterschaffen, als Ding, das sich selbst zu seiner Aufgabe geformt hat: *stürzenden Tränen zulieb.* Die zweite Strophe spricht vom Preis dieses Tränendienstes. Er ist hoch, besser: er *war* es. Mitten im Vers geschieht der Umschlag: *Was mit den Tränen geschieht? – Sie machten mich schwer.* Gefragt wird in der Gegenwart, doch die Antwort kommt schon aus dem Vergangenen. Tränen sind nicht zu konservieren; sie verdunsteten zu schillernden Salzen, zersetzten das Gefäß und ließen es leer zurück.

Also liebte Rilke die Tränen nicht? Liebte er die Klage nicht? Doch – nur hatte er sie bislang nicht isoliert. *Nur im Raum der Rühmung darf die Klage / gehn, die Nymphe des geweinten Quells*, verkündet eines der Orpheus-Sonette. Nun aber, kaum daß die große Sinnstiftung geleistet ist, beginnt die Erosion des schönen Zusammenhangs.

Der Chemie der Tränen ist das gebildete Gefäß nicht gewachsen. Die Klage »erschöpft« es, läßt es leer zurück. Sagt also das »Tränenkrüglein«, was der Dichter selbst nicht zu sagen wagte?
Das Gedicht verweigert die Antwort. Es delegiert die Klage. Das Tränengefäß, lädiert und leer, spricht – trotzdem, immer noch – zu uns herüber. Aber natürlich spricht nicht ein bestimmtes antikes Fundstück, sondern das Ding aus Worten, das seine Klage in makellosen Versen aussagt. Der Dichter, selbst wenn er seine Erschöpfung besingt, schenkt immer noch aus der Fülle.

An der sonngewohnten Strasse

An der sonngewohnten Straße, in dem
hohlen halben Baumstamm, der seit lange
Trog ward, eine Oberfläche Wasser
in sich leis erneuernd, still' ich meinen
Durst: des Wassers Heiterkeit und Herkunft
in mich nehmend durch die Handgelenke.
Trinken schiene mir zu viel, zu deutlich;
aber diese wartende Gebärde
holt mir helles Wasser ins Bewußtsein.

Also, kämst du, braucht ich, mich zu stillen,
nur ein leichtes Anruhn meiner Hände,
sei's an deiner Schulter junge Rundung,
sei es an den Andrang deiner Brüste.

Eckart Klessmann

Wasser-Zärtlichkeit

Nichts mehr von der zuweilen üppigen Instrumentierung seiner frühen Gedichte mit dem betörenden Bukett wohllautender Reime ist hier übriggeblieben. Aber auch nichts vom hochgestimmten Ton und der kryptischen Botschaft der Duineser Elegien. Zwischen ihnen und der Grabschrift »Rose, oh reiner Widerspruch« ist dieses titellose Gedicht entstanden; geschrieben Anfang Juni 1924. Es spiegelt die wasserhelle Klarheit und Schlichtheit seines Sujets in dreizehn reimlosen Versen, deren erste Strophe geprägt wird – man spürt es sofort beim lauten Lesen – vom einatmenden, einsaugenden H-Laut (hohl, halb, Heiterkeit, Herkunft, Handgelenk, hell).

Das Bild ist deutlich konturiert. Ein aus hohlem Baumstamm gefertigter Trog, durch den das Wasser läuft, wie man ihn früher oft in Bergdörfern finden konnte, ehe Beton und Kunststoff diese schlichten Behältnisse verdrängten. In der Sonnenwärme wahr- und aufgenommen: klares, kühles Quellwasser, das zu berühren zärtliches Empfinden weckt. Wäre das Gedicht heute geschrieben, es könnte unsere Sehnsucht nach unverschmutztem Wasser ebenso artikulieren. Das gibt ihm beim Lesen nach einem halben Jahrhundert eine zusätzliche Dimension.

Es ist aber ein Liebesgedicht besonderer Art. Die Geliebte wird evoziert durch das Erlebnis der Wasser-Zärtlichkeit. Die Geliebte wird nur indirekt angesprochen, sie ist nicht da, sie wird nicht kommen, aber »kämst du«. Das ist nicht Goethes sehnsüchtiges »O wärst du da!«, das »kämst du«

ist nur ein stilles Erwägen einer seligen Möglichkeit. »Kämst du«: Wonne des Konjunktivs, von dem seine heutigen Verächter nichts mehr wissen.
Wasser ist ein altes poetisches Symbol. Es ist nicht einfach nur Substanz, den Durst zu »löschen«; um wieviel zärtlicher ist das »stillen«, das in unserer Sprache heute nur noch dem Säugling gegönnt wird, sonst »löscht« man seinen Durst wie der Feuerwehrmann den Brand. Es geht ja auch in diesem Gedicht nicht um die Aufnahme von Wasser gegen den körperlichen Durst; die Haut nimmt Wasser auf wie eine Essenz für das Bewußtsein.
Wasser, das ist auch Flüchtigkeit, verfließende Zeit. Nimmerwiederkehr, stete Verwandlung. Es ist ein Element der Zeit wie die Liebe. Und auch der Baum, der lange wachsen mußte, ehe er Trog werden konnte, gehört in die Zeit und in die Vergänglichkeit, die beide die Liebe gefährden im Prozeß des Alterns.
Als Rilke diese Verse schrieb, war er 48 Jahre alt, und er richtete sie an eine junge Geliebte, wobei uns das biographische Detail nicht zu kümmern hat. Der Prozeß des Alterns und damit der wie Wasser verfließenden Zeit wird Bild im hölzernen, durchfluteten Trog. Was die durch den Konjunktiv (Eventualis) ersehnte Geliebte verhieße, wäre nicht, körperliches Begehren zu stillen. Darum geht es so wenig wie um die Befriedigung leiblich empfundenen Durstes. Nicht Sexus wird ersehnt, sondern Eros. Und so entspricht dem »Andrang« die Wortschöpfung Rilkes vom »Anruhn«, wiewohl das pralle »Andrang« auch mit dem Verhältnis von Altersresignation und forderndem jugendlichen Ungestüm zu tun hat.
Dies ist der bestimmende Kontrapunkt zwischen den beiden Strophen: das eher leiblich abweisende Aufnehmen

von Wasser und das leiblich Herausfordernde des jungen Körpers, ohne daß eine plumpe Vergleichssituation konstruiert würde, trotz des verknüpfenden »also«. Befragt nach einem vollkommenen Liebesgedicht unseres Jahrhunderts, würde ich diese Verse zuerst nennen.

Das Füllhorn

Geschrieben für Hugo von Hofmannsthal

Schwung und Form des gebendsten Gefäßes,
an der Göttin Schulter angelehnt;
unsrer Fassung immer ungemäßes,
doch von unsrem Sehnen ausgedehnt –:

in der Tiefe seiner Windung faßt es
aller Reife die Gestalt und Wucht,
und das Herz des allerreinsten Gastes
wäre Form dem Ausguß solcher Frucht.

Obenauf der Blüten leichte Schenkung,
noch von ihrer ersten Frühe kühl,
alle kaum beweisbar, wie Erdenkung,
und vorhanden, wie Gefühl…

Soll die Göttin ihren Vorrat schütten
auf die Herzen, die er überfüllt,
auf die vielen Häuser, auf die Hütten,
auf die Wege, wo das Wandern gült?

Nein, sie steht in Überlebensgröße
hoch, mit ihrem Horn voll Übermaß.
Nur das Wasser unten geht, als flöße
es ihr Geben in Gewächs und Gras.

Kurt Klinger

Huldigung mit doppeltem Boden

Am 11. Februar 1924 gratulierte Rilke mit gewundenen Worten Hofmannsthal zum fünfzigsten Geburtstag und schmückte ein Exemplar der Elegien mit ein paar Versen, »bei denen ich, kaum standen sie da, die Empfindung hatte, daß ich sie Ihnen geben dürfte«. Hofmannsthal dankte mit dem Lob, er halte »Das Füllhorn« für ein unvergleichliches Gedicht, ohne zu wissen, daß er der Empfänger einer Geläufigkeitsübung geworden war. Rilke hatte zur Probe seiner Sprachfertigkeit »dasselbe sujet« gleich auch französisch geschrieben und Baladine Klossowska am nämlichen 11. Februar um Nachricht gebeten, welche Fassung sie vorziehe. Die Freundin entschied sich prompt für »Corne d'abondance«, nicht sehr schmeichelhaft für Hofmannsthal, da ihr die Widmung der deutschen Version bekannt war.

Unvergleichlich war »Das Füllhorn« also nicht, doch ist es unleugbar in der Manier eines Meisters verfaßt, dem sich subtile Ausdeutungen unterderhand ergaben. Wäre es undatiert, ließe es sich den plastischen Themen der »Neuen Gedichte« zuordnen. In der Nachbarschaft der ganz der Naturverinnerlichung zugewandten Spätlyrik von Muzot nimmt es sich fremd und merkwürdig künstlich aus. Ein Idol wird aufgebaut, an Ceres, an Flora erinnernd, ohne sie zu sein. Da ihr Gabengefäß *alle* Reife faßt, wäre sie auch Spenderin der spirituellen Güter, Herrin und Muse der Fruchtbarkeit, ein Wesensbild schenkender Allmacht.

Daß ihre »Überlebensgröße« nicht gipsern erstarrt, verdankt sie der poetischen Verwandlungskraft des Dichters; durch ihn erscheint sie schwerelos »ausgedehnt«. Das Kolossale entwächst dem ruhigsten Rhythmus, dem Jambus, mit monotoner und kühner Stetigkeit. Die kompliziert verbundenen Reimworte (Schenkung/Erdenkung), sogar die erzwungenen (überfüllt/gült), verleihen ihr eine Patina der Unberührbarkeit, erheben sie ins feierlich »Ungemäße«, doch so, als erreichten ihre Füße den Boden, ohne ihn zu berühren. Das »gebendste Gefäß«, ihr Attribut, drückt sie nicht; es ist wie ohne Halt und Zugriff an sie gelehnt, mitschwebend durch den Blütenüberguß obenauf, dessen Leichtigkeit sich ins kaum Beweisbare entmaterialisiert.
Und doch ist diese Füllhornträgerin ein Sinnbild zweifelhafter Bedeutung. Sie gehört nicht zu den »zustimmenden Göttern«, in deren Händen Rilke, in einem anderen Gedicht dieser Zeit, sein »unfaßliches Herz« »entbrennen« fühlt. In Wirklichkeit schenkt die Schenkende nichts, sie weigert sich, ihren »Vorrat« auszuteilen. Rilke stellt die Frage: Soll sie, sollte sie nicht? Das Faktum schneidet ihm die Antwort ab: Der Reichtum dieses Horns »voll Übermaß« ist nicht für die Wege der Menschen, nicht für ihre Wohnungen, nicht einmal für ihre Herzen bestimmt.
Etwas phantastisch Nutzloses geht von diesem Idol aus – und Hofmannsthal sollte sich nicht nach wiederholter Lektüre gefragt haben, weshalb Rilke ausgerechnet an ihn gedacht hatte, nachdem die Verse entstanden waren? Um ihm zu sagen, daß er, Hofmannsthal, ein »allerreinster Gast« hätte werden können, wenn…, oder lag in dem Gedicht Rilkes wahre Meinung über eine Kunst versteckt, die er zwar mit Anstand bewundern, aber nicht lieben

konnte, weil sie nicht in seinem Sinn eine Wendung zur Welt ausdrückte, nicht dem Herzens-Auftrag entsprach, die Erde zu »wärmen«, »daß sie uns innig gehört...«? Wie auch immer, Hofmannsthal dürfte aufgegangen sein, daß die Huldigung einen doppelten Boden hatte. Als die Reihe an ihm war, Rilke zum gleichen »verlegen machenden Gedenktag« aufzuwarten, revanchierte er sich (am 16. Dezember 1925) mit dem kryptischen Satz, der das Gleichnis vom Gefäß aufnimmt und zurückgibt: »...es möge Ihnen, solange Sie leben, das Gefühl der großen Kraft, die in Sie, als in ein zartestes Gefäß, gelegt ist, nie auf lange abhanden kommen...«, als fürchte er, daß es Rilke bereits seit einiger Zeit abhanden gekommen sei. Das »gebendste Gefäß« läßt das »zarteste Gefäß« wissen, es möge vorsichtig mit sich umgehen. Mit diesem Austausch hintersinniger Komplimente schließt der Briefwechsel der beiden Dichter.

Magie

Aus unbeschreiblicher Verwandlung stammen
solche Gebilde –: Fühl! und glaub!
Wir leidens oft: zu Asche werden Flammen;
doch, in der Kunst: zur Flamme wird der Staub.

Hier ist Magie. In das Bereich des Zaubers
scheint das gemeine Wort hinaufgestuft...
und ist doch wirklich wie der Ruf des Taubers,
der nach der unsichtbaren Taube ruft.

Günter Kunert

Kunststückchen

Heute erscheinen uns Gedichte von Rilke oft überspannt, outriert, manchmal die Grenze zu unfreiwilliger Komik, zum Kitsch gerade noch angestrengt wahrend. Aber so liest jede Zeitgenossenschaft anders. Magie und Zauber – Worte, welche wir ohne Gänsefüßchen kaum auszusprechen vermögen, stehen hier noch in fragloser Legitimität, und legitim sind sie ja auch, obschon eher in einem kulturhistorischen als in einem künstlerischen Sinne. Übertreibend ausgedrückt: Jeder Dilettant des Metiers ist über den Ursprung der Lyrik »bestens« informiert. Ihre Quelle entspringt archaischem Denken, Animismus und Geisterbeschwörung, Götteranrufung und Verfluchung: also einer sprachlichen Praxis, mittels derer der Adept auf seine Wirklichkeit Einfluß zu nehmen gedachte. Die Ethnologie weiß davon manches ungereimte Lied zu singen. So wirkt der Titel »Magie« für den im Gedicht evozierten Akt tautologisch, nicht zuletzt weil das Darstellungsmittel mit dem Dargestellten zusammenfällt: Als handele es sich um ein Zauberkunststück zur Demonstration von Zauberei.

Trotz alledem: Selbst in unserer Epoche wissenschaftlich geprägter Rationalität leben Gedichte immer noch vom Saft aus ihren frühen Wurzeln. Ihr Genuines besteht einfach darin, durch assoziative Bildkombinatorik Vorstellungen und Empfindungen zu erwecken, die durch kein andersgeartetes Reizmittel hervorrufbar wären. Insofern sind Gedichte tatsächlich »wirklich wie der Ruf des Taubers, der die Taube ruft«. Ja, ich vermute, die Latenz von Gefühlen wird überhaupt erst vom Gedicht angeregt. Das »hinaufgestufte Wort« selber schafft sich den Empfänger, welcher ohne diesen »Anruf« gar nicht zur entsprechenden Reaktion imstande wäre. Etwas paradox gesagt, produziert der Brief sich seinen Adressaten. Das Gedicht zeugt den Leser. Rilkes Achtzeiler, eine kurzgefaßte Poetologie, die, wie alle ihre Gattungsgenossinnen, die »unbeschreibliche Verwandlung« zu beschreiben unternimmt, ist zugleich ein Lehrbeispiel für Hugo Friedrichs »Struktur der modernen Lyrik«, wo der Name Rilke nicht ein einziges Mal vorkommt. Christliche Bildwelt (Anrufung des Heiligen Geistes im Ruf nach der unsichtbaren Taube) und »leere Idealität« entsprechen einander: »Das Gedicht bewegt sich in einem geläufigen Schema platonischer und christlich-mystischer Herkunft. Nach diesem Schema steigt der Geist in eine Transzendenz auf, die ihn so verändert, daß er rückblickend die Hülle des Irdischen durchdringt und dessen wahres Wesen erkennt. Es ist das Schema der – christlich so benannten – *ascensio* oder *elevatio*.« Und resümierend fährt Friedrich fort: »Von Gott ist nicht mehr die Rede. Wir erfahren auch nicht, welcher Art die nunmehr verstandene Sprache der Blumen und Dinge wäre. Das Ziel des Aufstiegs ist nicht nur fern, sondern leer, eine inhaltslose Idealität. Sie ist ein bloßer Spannungspol, hyperbolisch angestrebt, aber nicht betreten.«

Was hier auf Baudelaire gemünzt wird, trifft ebenso auf Rilke zu: weder wird der Ruf des Taubers in irgendeiner Weise definiert noch die Antwort der unsichtbaren Taube erwartet. Die Säkularisierung ist perfekt, Christentum der Fundus für Metapher und Wortwahl. Geblieben ist der

Lyrik ihr eingeborener Gestus, vom Unsagbaren in Gleichungen und Gleichnissen reden zu müssen, obwohl das Unsagbare inzwischen auch unglaubhaft geworden ist. Aber sie, die Lyrik, kann, um ihres Weiterbestehens willen, nicht aufhören, so zu tun, als wäre anstelle des Garnichts ein Etwas. Aus schieren Existenzgründen muß sie etwas vortäuschen, was aus anderen Daseinsbereichen längst verschwunden ist: die besagte Transzendenz nämlich.

»Hier ist Magie«, schreibt Rilke, aber wir, im Stande der verlorenen Unschuld und eines deprimierenden Aufgeklärtseins, wissen, daß Magie nur eine Sache geschickter Taschenspielerei ist.

Noch fast gleichgültig …

Noch fast gleichgültig ist dieses Mit-dir-Sein …
Doch über ein Jahr schon, Erwachsenere, kann es
vielleicht dem Einen,

der dich gewahrt, unendlich bedeuten:
Mit dir sein!

Ist Zeit nichts? Auf einmal kommt doch durch sie
dein Wunder. Daß diese Arme,
gestern dir selber fast lästig, einem,
den du nicht kennst, plötzlich Heimat
versprechen, die er nicht kannte. Heimat und Zukunft.

Daß er zu ihnen, wie nach Sankt-Jago di Compostella,
den härtesten Weg gehen will, lange,
alles verlassend. Daß ihn die Richtung
zu dir ergreift. Allein schon die Richtung
scheint ihm das Meiste. Er wagt kaum,
jemals ein Herz zu enthalten, das ankommt.

Gewölbter auf einmal, verdrängt deine heitere Brust
ein wenig mehr Mailuft: dies wird sein Atem sein,
dieses Verdrängte, das nach dir duftet.

Eckart Klessmann

Künftige Liebe

Wir wissen nicht, an wen Rilke diese Anfang Juni 1924 in Muzot geschriebenen Verse gerichtet hat, wenn sie denn wirklich einer biographisch faßbaren Frau gegolten haben sollten. Es liegt nahe, an die damals achtzehnjährige Erika Mitterer zu denken, die den Dichter im Mai mit einem Briefgedicht überrascht hatte, auf das Rilke erwiderte, aber die Forschung hat dieses nahezu unbekannt gebliebene Gedicht nicht in den Umkreis der Mitterer-Gedichte einordnen wollen. Zu seinem Verständnis sind diese Umstände auch nicht wichtig.

Ein offenbar schon älterer Mann spricht zu einem jungen Mädchen, noch nicht ganz ausgereift (»über ein Jahr schon, Erwachsenere«). Noch ist sich die Angesprochene ihres Körpers nicht ganz bewußt, denn »diese Arme, / gestern dir selber fast lästig«, deuten auf die Unsicherheit des noch jungen Körpers, der mit sich noch nicht eins geworden ist. – In diesem Gedicht geschieht etwas Merkwürdiges, ja höchst Ungewöhnliches: Getreu der Frage »Ist Zeit nichts?« wird nur von Zukunft gesprochen und dem möglichen (»vielleicht«) Gegenüber, das nicht Ich heißt, sondern »einer« oder »er«. Ein Liebesgedicht – das ist es doch wohl – verzichtet auf das, woraus ein Liebesgedicht sonst lebt: Gegenwart, Nähe.

Das »Mit dir sein« ist – sofern Gegenwart – »noch fast gleichgültig«, es gewinnt seine Bedeutung erst im Kommenden: »Doch über ein Jahr schon, Erwachsenere...« Worin liegt das Glück der Liebenden, wenn nicht in den

Armen des anderen? Aber erst künftig werden diese Arme des Mädchens »Heimat und Zukunft« dem Geliebten verheißen können, und der muß nicht der Sprechende sein.
Der Wie-Vergleich mit dem spanischen Wallfahrtsort Sankt-Jago di Compostella wirkt durch die Gewichtigkeit der Metapher etwas fremd in dieser Umgebung aus einfacher Rede, wie ja überhaupt in dieser letzten Phase in Rilkes Schaffen, nach den Duineser Elegien, seine Sprache viel von ihrem früheren Prunk einbüßt und oft erstaunlich schlicht ist; vielleicht haben die Reminiszenzen des Dichters an Spanien ihm dieses Bild nahegelegt.
Der Weg zur (zum) Geliebten, wir wissen's, gleicht immer dem »härtesten Weg«. Wie viele Umwege müssen Liebende gehen, bis sie einander begreifen, bis einer versteht, »daß ihn die Richtung / zu dir ergreift«, bis ein Herz »ankommt«. Zeichen werden gegeben und nicht oder falsch verstanden, Sprache und Gesten tasten sich vorsichtig vor, sich dem anderen behutsam verständlich zu machen.
»Gewölbter auf einmal, verdrängt deine heitere Brust...« – das klingt gelöst und nach leiblicher Gemeinsamkeit, und es mag auch den Durchbruch der Liebe bedeuten, wenn zwei einander endlich erkennen, wenn die Geliebte »sein Atem« wird und die Kontur der »heiteren Brust« dem Duft der Geliebten entspricht, »dein Wunder«.
Diese Verse enthalten alle Zärtlichkeit eines sehr gegenwärtigen und dabei träumerisch distanzierten Liebesgedichts, aber sie täuschen die Zeit, indem sie das Vergehende mit dem Künftigen verknüpfen. Nichts ist, alles wird sein. Das Wunder gelingt. Das Liebesgedicht verspricht »Heimat und Zukunft«, Ziel aller Liebe, im leisen zärtlichen Atem.

Wilder Rosenbusch

Wie steht er da vor den Verdunkelungen
des Regenabends, jung und rein;
in seinen Ranken schenkend ausgeschwungen
und doch versunken in sein Rose-sein;

die flachen Blüten, da und dort schon offen,
jegliche ungewollt und ungepflegt:
so, von sich selbst unendlich übertroffen
und unbeschreiblich aus sich selbst erregt,

ruft er dem Wandrer, der in abendlicher
Nachdenklichkeit den Weg vorüberkommt:
Oh sieh mich stehn, sieh her, was bin ich sicher
und unbeschützt und habe was mir frommt.

Ulrich Fülleborn

Nachdenken über das Glück

Selbst wer mit Rilkes Lyrik vertraut ist, mag von diesem »Wilden Rosenbusch« überrascht sein. Sprachgebung und lyrische Bewegtheit, motivliche und gedankliche Verwobenheit mit des Autors Gesamtwerk weisen den Text zwar als unverkennbar Rilkesch aus. Aber irritierend wirken die Leichtigkeit und Unbekümmertheit, mit der die Mittel eingesetzt sind, der Zauber, der von dem schlichten Naturbild ausgeht, und die naive Direktheit, in der sich dessen Sinn äußert.

Beglückend und unmittelbar überzeugend: vor den »Verdunkelungen« des Hintergrundes die heitere Erscheinung »reinen«, anfänglichen Daseins. Die lyrischen »Beschreibungen« bleiben alle dem Phänomen des wilden Rosenbuschs zugeordnet, lassen sich aber zwanglos auf menschliche Existenzmöglichkeiten übertragen – ein Exempel als Vor-bild. Wäre es nicht ein hohes Glück der Erdenkinder, »schenkend« aus sich herauszugehen, sich hingeben zu können und sich dabei nicht zu verlieren, sondern bewußt-unbewußt dem eigenen Daseinsgrund verhaftet zu bleiben, in ihn »versunken« zu sein und zugleich sicher in der Welt »dazustehen«? Ein solches Dastehen wird uns als die Bedingung suggeriert für ein um so bewegteres, »erregteres« inneres Leben – ein Leben zudem, das wie von selbst nach außen, in die Blüten, drängt. Die insistierenden negativen Wendungen »ungewollt«, »ungepflegt« und »unbeschützt« rücken das Naturbild weit von unserer üblichen Lebenspraxis ab. Desto mehr hören wir einen Appell und ein Versprechen heraus. Den Appell, uns von der Vergötzung des Willens und aller äußeren Existenzangst zu befreien; das Versprechen, daß das endliche Dasein sich in seiner Lebendigkeit selbst zu übersteigen und eine andere, »unendliche« Qualität aus sich hervorzubringen vermöchte.

So viel überschwenglicher Glücksmöglichkeit stellt das Gedicht nun aber den einsamen Wanderer, seine »abendliche Nachdenklichkeit«, entgegen. *Was* ihn nachdenklich macht, erfahren wir nicht. Eine »Leerstelle«, so der Fachausdruck, verweist den Leser ganz auf sich selbst, provoziert sein eigenes Nachdenken über das Glück, das der Rosenbusch verspricht.

Das ist das eine, Wichtigere; ein anderes wäre es, sich an den Autor um nähere Auskunft zu wenden. Denn er hat sich selbst mit der Figur des Wanderers anonym und diskret in das poetische Bild des Gedichts eingebracht. Die Verse gehören zu der Naturlyrik, die im Frühling 1924 auf Rilkes Spaziergängen im Walliser Tal nahe dem Schlößchen Muzot in deutscher oder französischer Sprache entstand. Dort waren zwei Jahre zuvor die »Duineser Elegien« vollendet und die »Sonette an Orpheus« geschrieben worden, womit dem werkgeschichtlich späten Gedicht vom wilden Rosenbusch eine eigene Bedeutungsfülle zuwächst.

Als modernem Lyriker war Rilke die hochgezüchtete, vielblättrige und unfruchtbare Gartenrose, der »unerschöpfliche Gegenstand«, zum prominentesten Kunst- und Daseinssymbol überhaupt geworden, von den reich instrumentierten Rosengedichten der mittleren Schaffenszeit bis zu dem französischen Zyklus *Les Roses* von 1924 und seinem enigmatischen Grabspruch. Da mußte es

ihn als einsamen Wanderer im Wallis schon nachdenklich stimmen, wenn ihm plötzlich im Bilde der wilden Rose mit ihren »flachen«, kunstlosen Blüten die Möglichkeit eines Daseinsglücks aufging, dem sich alles das in reiner Spontaneität schenkt, was er mit seiner Kunst in angespanntester existentieller »Leistung« erstrebt hatte.
War es etwa erreicht, wenn er jetzt diese heitere, fast schwerelos scheinende Naturlyrik schrieb? War es einem spätzeitlichen, »sentimentalischen« Bewußtsein noch möglich, die »unsichere« Wanderexistenz in der Zeit mit einem naturhaft-idyllischen Daseinsglück zu versöhnen? – Solche Gedanken, die man bei dem Wanderer-Dichter von 1924 vermuten darf, bewegen sich deutlich in den Bahnen Schillers und Goethes. Auch darauf war man wohl als Leser Rilkes nicht unbedingt gefaßt.

Rose, oh reiner Widerspruch

Rose, oh reiner Widerspruch, Lust,
Niemandes Schlaf zu sein
unter soviel Lidern.

Wolfgang Leppmann

Zauberwürfel

Die berühmte Inschrift, die Rilke beim Abfassen seines Testaments im Spätherbst 1925 als Epitaph entwarf – sie ziert bis heute seinen inzwischen recht verwitterten Grabstein im Kirchhof von Raron –, ist kurz, aber alles andere als bündig. Gewiß, es sind nur zwölf Wörter, die einen einzigen, in Appositionen gegliederten und über drei Zeilen verteilten Satz bilden. Aber so leicht dieser Satz zu lesen und jedes Wort in seiner syntaktischen Funktion zu erfassen, so schwer ist es, dem Ganzen eine eindeutige, keiner weiteren Erklärung bedürftige Aussage zu entnehmen. Von seiner Originalität und scheinbaren Einfachheit fasziniert, hat die Nachwelt an diesem Epitaph wie an einem Zauberwürfel herumgedreht im Bemühen, das in ihm enthaltene »Problem« zu lösen: mit dem Ergebnis freilich, daß es nicht aufgeht und wohl auch nicht gänzlich aufgehen soll.

Untersucht man zum Beispiel die Schlüsselworte im Hinblick auf den Gebrauch, den Rilke anderswo von ihnen macht, dann schillert schon die »Rose« in vielen, über naheliegend-traditionelle Symbole (etwa für Liebe oder Schönheit oder Tod) hinausgehenden Bedeutungen. Hier sollten wir sie uns vielleicht als Sinnbild des noch aus dem Grabe heraus nachwirkenden Dichters vorstellen wie in dem vielzitierten Sonett, in dem es heißt: »Errichtet keinen Denkstein. Laßt die Rose / nur jedes Jahr zu seinen Gunsten blühn. / Denn Orpheus ist's.« Bei »reinem« Widerspruch haben wir wohl an einen unversöhnten, auf

Koexistenz anstatt Ausgleich angelegten Kontrast, bei »Lust« hingegen an eine Bejahung des Lebens auch angesichts des Grabes zu denken. (So ungewöhnlich das Wort »Lust« auf einem Epitaph erscheint, so überliefert, ja banal wirkt die Metapher des Schlafes für den Tod.)
Wer aber ist der »Niemand«, von dessen Schlaf oder vielmehr Nichtschlaf hier die Rede ist? Unter Rückgriff auf ein kurz vor der Grabinschrift verfaßtes Fragment in französischer Sprache erklärt man »Niemandes Schlaf« gern als einen Zustand, in dem die Rose für sich und um ihrer selbst willen blüht, ohne Bezugnahme auf den Toten, aus dessen Grab sie ersprießt. So lassen sich die aus Parallelstellen gewonnenen semantischen Fäden beliebig weiterspinnen, ohne daß sie sich zu einem festen Gewebe zusammenschlössen – geschweige denn zu einem, das das Gewicht einer jener »letzten Wahrheiten« ertrüge, die man damals noch zur Erbauung oder Ermahnung der Nachkommen in Grabsteine einmeißelte.
Wir sollten es weniger philosophisch nehmen und uns auch am Wohlklang dieser Zeilen erfreuen, wobei wir beim Lautlesen einen Übergang von dunklen zu hellen Vokalen und von einem anfangs durch Kommata gehemmten zu einem freien Sprachduktus finden. In dieser Verschränkung des Stockenden mit dem Fließenden und des Widerspruchs mit der Lust ist schon das Ineinandergreifen von Tod und Leben angedeutet, das für diesen Dichter eine Selbstverständlichkeit darstellte.
Für ein zwangloses Übergehen in einen Tod, der das Leben nicht wie ein Schlußpunkt beendet, sondern es wie ein Gedankenstrich auf anderer Ebene weiterführt, spricht auch der oft übersehene Umstand, daß Rilke sich anstatt eines neuen Grabsteins einen alten gewünscht hatte, von

dem man die früheren Inschriften entfernen mußte, bevor die seinige angebracht werden konnte. Bei einem solchen, von einem Toten an den anderen weitergereichten Stein kann man in der Tat von »Niemandes Schlaf« sprechen – ohne daß diese Zeilen damit restlos ausgedeutet wären. Wo steht übrigens geschrieben, daß die Lyrik immer Fragen beantworten muß? Liegt ihr Wert manchmal nicht gerade darin, daß sie sie stellt und die Antwort uns überläßt?

Früher, wie oft

Früher, wie oft, blieben wir, Stern in Stern,
wenn aus dem Sternbild der freiste,
jener Sprech-Stern hervortrat und rief.
Stern in Stern staunten wir,
Er, der Sprecher des Stern-Bilds,
ich, meines Lebens Mund
Nebenstern meines Augs.
Und die Nacht, wie gewährte sie uns
die durchwachte Verständigung.

Jan Knopf

Kosmischer Dialog

Von Martin Heidegger stammen die Sätze: »Eigentlich spricht die Sprache, nicht der Mensch. Der Mensch spricht erst, insofern er jeweils der Sprache ent-spricht.« Entsprechungen sind wohl auch der Schlüssel zu diesen rätselhaften Versen, die Rilke Anfang Februar 1926 in Val-Mont geschrieben hat – ein spätes Gedicht also und ein Rückblick dazu. Alle Verben stehen im Präteritum, und der frühere Zustand einer offenbar innigen Gemeinschaft wird emphatisch (»wie oft«, wiederholt im vorletzten Vers) beschworen. »Ich« und »Er« bilden diese Gemeinschaft. Das »Ich« als »meines Lebens Mund« ist der irdische, das »Er« der kosmische Partner. Früher waren sie im Sternbild vereinigt, oder sie haben, nehme ich das »blieben« des ersten Verses beim Wort, eine gemeinsame Bleibe am Himmel gehabt. Möglich war dies durch Projektion: Indem sich das Ich an den Sternenhimmel projiziert, kann es mit dem kosmischen Gebilde eine Einheit im Sternbild werden. So hat das vorkantsche Weltbild noch funktioniert, ehe der Mensch endgültig aus dem Himmel vertrieben wurde. Auch Goethe war noch davon überzeugt, daß nur über eine wechselseitige Verbindung von Subjekt und Objekt Erkenntnis möglich sei, daß der Mensch nur dann von der ihn umgebenden Natur eine Antwort erhält, wenn er ihr ent-spricht.

Nicht ohne Grund ist Rilkes Gedicht ein Gedicht über Sprache und Verständigung. Nähert sich der Mensch angemessen dem gestirnten Himmel über ihm, so bildet er sich nicht nur in ihn hinein, er erhält auch die kosmische Antwort, indem der »Sprech-Stern« hervortritt und dem Menschen zuruft. Verwundert nehmen beide dann wahr, daß solche Verständigung möglich ist, wobei das lyrische Ich nicht vergißt, daß es doppelt bestimmt ist. Als Mund des Lebens bleibt es dem Irdischen verhaftet, als Nebenstern seines Auges jedoch vermag es am Kosmischen teilzuhaben, wenn es – auch da sind Goethesche Anklänge zu hören – in richtiger Weise nach den Sternen blickt: *Wär nicht das Auge sonnenhaft / die Sonne könnt' es nicht erblicken.*

Freilich, während Goethe darin eine grundsätzliche Maxime von Erkenntnis sah, bildet der kosmische Dialog bei Rilke bereits die Ausnahme. Er ist nur bei Nacht möglich, er geht davon aus, daß das »normale« Leben und die »normale« Verständigung (zwischen den Menschen) ausgesetzt sind. Die Nacht, während das Leben ruht, muß durchwacht werden; nur so funktioniert die Verständigung.

Worüber sich Mensch und Stern verständigen, sagen die Verse nicht. Zu schließen ist aus dem Attribut »der freiste«, daß es sich um einen Loslösungsprozeß handelt. Wenn der Sprech-Stern das Ich anruft, ist das »Gerede«, um nochmals Heidegger zu bemühen, des Tages, des Alltags, außer Kraft gesetzt. Hier findet eine metaphysische Verständigung statt, die das Ich vom Mund des Lebens für die Zeit der Nacht befreit und eine prinzipiell andere Kommunikation, in der sich Mensch und Stern entsprechen, ermöglicht.

Das Gedicht, das zunächst so rätselhaft erscheint, vollzieht sprachlich den Übergang von der »Normalsprache« zur »kosmischen Sprache«. Es verwendet kein unübliches oder besonders »schweres« Wort, und dennoch mutet alles fremd an. Rilke überführt die »normale« Sprache in eine Meta-Sprache. Es geht nicht darum, »etwas« mitzuteilen, sondern die Besonderheit, das »Wie« der »anderen« Kommunikation zur Sprache zu bringen. Das »Sternbild« ist kein wirklich zu beobachtendes, sondern lediglich ein sprachliches Bild des Sterns (deshalb auch die Bindestrich-Komposita). Es ist die Sprache, die die Bilder schafft und die »Welt« bildet, der keine empirische Wirklichkeit mehr entspricht.

Dieser kosmische Dialog wird jedoch nur mehr erinnert. Der Rückblick und die Emphase besagen indirekt: diese Verständigung ist uns Nachgeborenen für immer entzogen. Einen, wenn auch geringen Anteil an ihr haben wir allerdings noch: wenn wir das Gedicht verstehen.

Komm du, du letzter

Komm du, du letzter, den ich anerkenne,
heilloser Schmerz im leiblichen Geweb:
wie ich im Geiste brannte, sieh, ich brenne
in dir; das Holz hat lange widerstrebt,
der Flamme, die du loderst, zuzustimmen,
nun aber nähr' ich dich und brenn in dir.
Mein hiesig Mildsein wird in deinem Grimmen
ein Grimm der Hölle nicht von hier.
Ganz rein, ganz planlos frei von Zukunft stieg
ich auf des Leidens wirren Scheiterhaufen,
so sicher nirgend Künftiges zu kaufen
um dieses Herz, darin der Vorrat schwieg.
Bin ich es noch, der da unkenntlich brennt?
Erinnerungen reiß ich nicht herein.
O Leben, Leben: Draußensein.
Und ich in Lohe. Niemand, der mich kennt.

[Verzicht. Das ist nicht so wie Krankheit war
einst in der Kindheit. Aufschub. Vorwand um
größer zu werden. Alles rief und raunte.
Misch nicht in dieses was dich früh erstaunte]

Ralf Rothmann

Absolutheit

Mit Hilfe von Konventionen, schrieb Rilke in den Briefen an einen jungen Dichter, habe man alles nach dem Leichten hin gelöst, ja, nach des Leichten leichtester Seite. Es sei aber klar, daß man sich, wie jedes Lebendige, das seiner Vervollkommnung entgegenstrebt, an das Schwere halten müsse. »Daß etwas schwer ist, muß uns ein Grund mehr sein, es zu tun.«

Das Gedicht, seine letzte Eintragung im letzten Taschenbuch, dokumentiert: Er hat sich an das Schwerste gehalten, an die Bejahung des eigenen Endes – und der unsagbaren Leiden, die damit zusammenhingen. Eine Bejahung ohne Furcht oder Verbitterung, wie man liest, und das Staunen über Wucht und Wut der Krämpfe scheint aus einer unverwundbaren Mitte zu kommen.

Weniger, weil es ein Entwurf ist und von ihm, im Fall seines Überlebens, so nicht publiziert worden wäre, müßte ein germanistisch-philologisches Vermessen der Zeilen befremden. Jemandem, der sich kaum noch kennt vor Qual, zählt man nicht die Silben seiner Sätze nach. Und doch, die Kunst dieser Verse verblüfft auch dann, wenn man bedenkt, daß hier einer spricht, der sich ein Leben lang zum Ausdruck erzogen hat und letztlich, was die Absolutheit seiner Existenz betrifft, selbst Ausdruck war: einer Kraft, deren Bestimmung seit jeher das ist, was man in der Antike »den Gott schmücken« nannte.

Rilkes Diktion, die oftmals halsbrecherische Hochsprache, rief immer schon Spötter auf den Plan – und dieses Fragment beschämt alle. Denn trotz seiner Bravour bleibt es die wahrhaftigste Äußerung, zu der ein Mensch fähig ist: Schmerzenslaut. Und es verkörpert das Verstummen.

Stets hat mich die Inbrunst des Anfangs erstaunt. Die rhythmische Logik dieser Zeile entspricht der eines Liebesgedichts (so wird ein lange Erwarteter empfangen), und Bejahung, auch und gerade die des Unvermeidlichen, ist schließlich eine Form der Liebe. Man glaubt einen Puls schlagen zu hören in den Versen: Kraftvoll und schnell bis zum doppelt erklingenden »Grimm«, wird er zur Mitte hin unregelmäßig, kürzere Sätze, der Atem stockt, und allein in der Zeile vor der Zäsur, im lakonischen »Und ich in Lohe. Niemand der mich kennt.«, ist eine Ermattung gestaltet, der man in ihrer Kunstfertigkeit kaum glauben mag.

Erst das erneute Anheben im Schlußteil nimmt ihr den verzweifelten Glanz; und erschüttert, weil es in Wahrheit der Ausklang ist, das Hinsinken – dessen »Misch nicht in dieses, was dich früh erstaunte« seltsam persönlich anmutet, fast privat, als hätte der Dichter die Umstehenden längst vergessen. Wobei er sich noch berichtigt, noch zur Klarheit ermahnt, während Licht und Sinne schwinden.

Nicht klagen solle man, schrieb Rilke fast zwanzig Jahre früher im »Requiem« für Wolf von Kalckreuth, sondern hart sich in die Worte verwandeln, damit Schicksal eingehe in die Verse. So betrachtet, kann das Fragment, wenige Tage vor seinem Ende notiert, vollkommener nicht sein. Es ist die Totenstille zwischen den Zeilen, die es zum Klingen bringt.

Bibliographische Notiz

Die Gedichte dieses Bandes wurden zitiert nach: Rainer Maria Rilke, *Sämtliche Werke in sechs Bänden*. Herausgegeben vom Rilke-Archiv. In Verbindung mit Ruth Sieber-Rilke besorgt durch Ernst Zinn. Insel Verlag Frankfurt am Main 1955 bis 1966.

Alphabetisches Verzeichnis der Überschriften und Gedichtanfänge

Verzeichnis der Interpreten

Cyrus Atabay geboren 1929 bei Teheran, gestorben 1996 in München. Er veröffentlichte unter anderem: »Puschkiniana« (1990), »Gedichte« (1991) und »Leise Revolten« (1992).

Ulrich Fülleborn geboren 1920 in der Provinz Posen, em. Professor für Neuere deutsche Literaturgeschichte in Erlangen. Er veröffentlichte unter anderem: »Das Strukturproblem der späten Lyrik Rilkes« (1973), »Das dramatische Geschehen im Werk Franz Grillparzers« (1966).

Ulrich Greiner geboren 1945 in Offenbach/Main, lebt in Hamburg. Er war von 1986 bis 1995 Feuilletonchef der »Zeit« und ist seitdem ihr Kulturkorrespondent. Er veröffentlichte unter anderem die essayistischen Bücher »Der Tod des Nachsommers. Aufsätze, Kritiken, Porträts zur österreichischen Gegenwartsliteratur« (1979) und »Der Stand der Dinge« (1987).

Rainer Gruenter geboren 1918 in Düsseldorf, gestorben 1993. Er war Leiter der ›Arbeitsstelle 18. Jahrhundert‹ an der Bergischen Universität/Gesamthochschule Wuppertal und veröffentlichte Studien über das »Narrenschiff« von Sebastian Brant, über die Satiren Thomas Murners sowie Stefan George und Oscar Wilde.

Harald Hartung geboren 1932 in Herne, lehrt an der Technischen Universität Berlin deutsche Sprache und Literatur. Er veröffentlichte die Darstellungen »Experimentelle Literatur und konkrete Poesie« (1975) und »Deutsche Lyrik seit 1965« sowie die Lyrikbände »Hase und

Hegel« (1970), »Reichsbahngelände« (1974), »Das gewöhnliche Licht« (1976), »Augenzeit« (1978) und »Traum im deutschen Museum« (1986).

Gertrud Höhler geboren 1941 in Wuppertal, lehrte Germanistik und Allgemeine Literaturwissenschaft an der Universität Paderborn. Sie veröffentlichte unter anderem: »Niemandes Sohn. Zur Poetologie Rainer Maria Rilkes« (1978), »Die Anspruchsgesellschaft« (1979) und »Das Glück. Analyse einer Sehnsucht« (1981).

Joachim Kaiser geboren 1928 in Milken/Ostpreußen, ist Redakteur bei der Süddeutschen Zeitung und seit 1977 ordentlicher Professor an der Staatlichen Hochschule für Musik und Darstellende Kunst in Stuttgart. Hauptwerke: »Große Pianisten unserer Zeit« (1965), »Beethovens 32 Klaviersonaten und ihre Interpreten« (1975), »Erlebte Literatur« (1988), »Leben mit Wagner« (1990) und »Vieles ist auf Erden zu thun« (1991).

Hellmuth Karasek geboren 1934 in Brünn, lebt in Hamburg und ist ständiger Mitarbeiter beim »Spiegel«. Er veröffentlichte unter anderem die literarkritischen Bücher »Carl Sternheim« (1966), »Max Frisch« (1967), »Brecht – der jüngste Fall eines Klassikers« (1970) sowie die Komödien »Die Wachtel« (1985) und »Hitchcock« (1987).

Ulrich Karthaus geboren 1935 in Düsseldorf, ist Professor für Neuere Deutsche Literatur an der Universität Gießen. Er veröffentlichte die Bücher: »Der Andere Zustand. Zeitstrukturen im Werke Robert Musils« (1965), »Sturm und Drang und Empfindsamkeit« (1988) und »Novelle« (1991).

Rainer Kirsch geboren 1934 in Döbelin/Sachsen, lebt in Berlin. Er veröffentlichte unter anderem: »Kopien nach Originalen« (1974), »Ordnung im Spiegel« (1985), »Sauna oder Die fernherwirkende Trübung« (1985), »Kunst in Mark Brandenburg« (1988), »Anna Katarina oder die Nacht am Moorbusch« (1991).

Eckart Klessmann geboren 1933 in Lemgo/Lippe, lebt in Schleswig-Holstein. Er veröffentlichte Bücher über den Prinzen Louis Ferdinand von Preußen (1972), Caroline Schlegel-Schelling (1975) und E.T.A. Hoffmann (1988) sowie »Die Mendelssohns, Bilder aus einer deutschen Familie« (1990) und »Christiane – Goethes Geliebte und Gefährtin« (1992).

Kurt Klinger geboren 1928 in Linz, lebt in Wien. Er ist Herausgeber der Monatszeitschrift »Literatur und Kritik«, unter anderem veröffentlichte er die Gedichtbände »Auf dem Limes« (1980) und »Zeitsprung« (1987), die Erzählungen »Die vierte Wand« (1966) und »Erinnerung an Gärten« (1989) sowie den Essayband »Theater und Tabus« (1984).

Jan Knopf geboren 1944 in Arnstadt, ist Professor für Literaturwissenschaft an der Universität Karlsruhe. Er veröffentlichte unter anderem: »Friedrich Dürrenmatt« (1976), das zweibändige »Brecht-Handbuch« (1980) und ist Mitherausgeber der »Großen kommentierten Berliner und Frankfurter Ausgabe« der Werke Brechts (1988 ff.).

Wolfgang Koeppen, geboren 1906 in Greifswald, gestorben 1996 in München. Er veröffentlichte die Romane »Eine unglückliche Liebe« (1934), »Tauben im Gras« (1951), »Das Treibhaus« (1953) und »Der Tod in Rom«

(1954), die Erzählung »Jugend« (1976), den Aufsatzband »Die elenden Skribenten« (1981) sowie Reisebücher, unter anderem »Nach Rußland und anderswohin« (1958).

GÜNTER KUNERT geboren 1929 in Berlin, lebt in Kaisborstel/Schleswig-Holstein. Hauptwerke: Die Gedichtsammlungen »Erinnerungen an einen Planeten« (1963), »Unterwegs nach Utopia« (1977), »Abtötungsverfahren« (1980), »Stilleben« (1983), »Berlin bei Zeiten« (1987) und »Mein Golem« (Gedichte 1996) sowie die Prosabände »Die Beerdigung findet in aller Stille statt« (1968), »Verspätete Monologe« (1981), »Im toten Winkel« (1992) und »Baum Stein Beton« (1995).

WOLFGANG LEPPMANN geboren 1922 in Berlin, ist seit 1960 Professor für Deutsche Literatur an der University of Oregon (USA). Hauptwerke: »Goethe und die Deutschen« (1962), »Pompeji, eine Stadt in Literatur und Leben« (1966), »J.J. Winckelmann« (1971), »Rilke – Leben und Werk« (1981), »Gerhart Hauptmann« (1986) und »Die Roaring Twenties« (1992).

PETER MAIWALD geboren 1946 in Grötzingen/Kreis Esslingen, lebt in Düsseldorf. Er veröffentlichte unter anderem die Gedichtbände »Balladen von Samstag auf Sonntag« (1984), »Guter Dinge« (1987), »Der Baum, das Haus, der Himmel« (1989), »Das Gutenbergsche Völkchen« (1990) und »Springinsfeld« (1992).

WALTER MÜLLER-SEIDEL geboren 1918 in Schöna, war Professor für Neuere Deutsche Literatur in München. Er veröffentlichte unter anderem: »Versehen und Erkennen. Eine Studie über Heinrich von Kleist« (1961), »Probleme der literarischen Wertung« (1965), »Theodor Fontane«

(1975) und »Die Geschichtlichkeit der deutschen Klassik. Literatur und Denkformen um 1800« (1983).

Christoph Perels geboren 1938, ist seit 1983 Direktor des Freien Deutschen Hochstifts in Frankfurt am Main. Er veröffentlichte unter anderem: »Studien zur Aufnahme und Kritik der Rokokolyrik zwischen 1740 und 1760« (1974), »Lyrik verlegen in dunkler Zeit. Heinrich Ellermanns Blätter für die Dichtung 1934-1944« (1984) und »Sturm und Drang« (1988).

Wolfgang Preisendanz geboren 1920 in Pforzheim, ist emeritierter Professor der Literaturwissenschaft an der Universität Konstanz. Er veröffentlichte unter anderem: »Die Spruchform in der Lyrik des alten Goethe und ihre Vorgeschichte seit Opitz« (1952), »Humor als dichterische Einbildungskraft« (1963/1985), »Über den Witz« (1970), »Heinrich Heine« (1973/1983) und »Wege des Realismus« (1977).

Werner Ross geboren 1912 in Krefeld-Uerdingen, lebt in München. Er veröffentlichte unter anderem: »Der ängstliche Adler«. Friedrich Nietzsches Lebensroman (1980). »Die Feder führend« (1987), »Lou Andreas-Salomé (1992), »Baudelaire und die Moderne« (1993), »Der wilde Nietzsche« (1994) sowie »Venezianische Promenade« (1996).

Ralf Rothmann geboren 1953, lebt in Berlin. Er veröffentlichte Gedichte und Erzählungen und die Romane »Stier« (1992) und »Wäldernacht« (1994).

Egon Schwarz geboren 1922 in Wien, lehrt Deutsche Literatur an der Washington University in St. Louis

(USA). Er veröffentlichte unter anderem: »Hofmannsthal und Calderon« (1962), »Joseph von Eichendorff« (1969). »Das verschluckte Schluchzen – Poesie und Politik bei Rainer Maria Rilke« (1972), »Keine Zeit für Eichendorff: Chronik unfreiwilliger Wanderjahre« (1979) und »Dichtung, Kritik, Geschichte: Essays zur Literatur 1900-1930« (1983).

Hilde Spiel geboren 1911 in Wien, wo sie 1990 starb. Sie war von 1963 bis 1984 Wiener Kulturkorrespondentin der »Frankfurter Allgemeinen Zeitung«. Hauptwerke: »Fanny von Arnstein oder die Emanzipation« (1962), »Glanz und Untergang. Wien 1866 bis 1938« (1987), »Die hellen und die finsteren Zeiten« (1989), »Welche Welt ist meine Welt« (1990) und »Die Dämonie der Gemütlichkeit« (1991).

Hans-Ulrich Treichel geboren 1952 in Versmold/Westf., ist Professor für Deutsche Literatur an der Universität Leipzig. Er veröffentlichte unter anderem die Monographien »Fragment ohne Ende. Eine Studie über Wolfgang Koeppen« (1984) sowie mehrere Gedichtbände, Opernlibretti und die Prosabände »Von Leib und Seele. Berichte« (1992) und »Heimatkunde oder Alles ist heiter und edel. Besichtigungen« (1996).

Werner Weber geboren 1919 in Huttwil, war von 1951 bis 1973 Chef des Feuilletons der »Neuen Zürcher Zeitung« und ist jetzt Professor für Literaturkritik an der Universität Zürich. Er veröffentlichte die Essaybände »Figuren und Fahrten« (1956), »Zeit ohne Zeit« (1959), »Tagebuch eines Lesers« (1965) und »Forderungen« (1970).

Ulrich Weinzierl geboren 1954 in Wien, ist seit 1987 Feuilleton-Redakteur der »Frankfurter Allgemeinen Zeitung« für Österreich. Er veröffentlichte unter anderem Monographien über Carl Seelig (1982), Alfred Polgar (1985) und Arthur Schnitzler 1994.

Sibylle Wirsing geboren 1936 in München, lebt in Berlin. Sie war langjährige Feuilletonredakteurin des »Tagesspiegels« und von 1974 bis 1991 Berliner Kulturkorrespondentin der »Frankfurter Allgemeinen Zeitung«.

Der Herausgeber:

Marcel Reich-Ranicki geboren 1920 in Wloclawek an der Weichsel, leitete von 1973 bis 1988 die Literatur-Redaktion der »Frankfurter Allgemeinen Zeitung«. Er veröffentlichte unter anderem: »Über Ruhestörer« (1973), »Nachprüfung« (1977), »Lauter Lobreden« (1985), »Thomas Mann und die Seinen« (1987), »Ohne Rabatt. Über Literatur aus der DDR« (1991), »Günter Grass« (1992), »Der doppelte Boden« (1992), »Die Anwälte der Literatur« (1994), »Martin Walser« (1994), »Vladimir Nabokov« (1995) und »Ungeheuer oben. Über Bertolt Brecht« (1996).